The Big Guitar Chord Songbook
The Seventies

Exclusive distributors:
Music Sales Limited
8/9 Frith Street, London W1B 3JB, England.
Music Sales Pty Limited
120 Rothschild Avenue, Rosebery, NSW 2018,
Australia.

Order No. AM970365
ISBN 0-7119-8845-5
This book © Copyright 2002 by Wise Publications.

Music arrangements by Rikky Rooksby.
Music processed by The Pitts.

Printed in the United Kingdom by
Caligraving Limited, Thetford, Norfolk.

www.musicsales.com

Your Guarantee of Quality:
As publishers, we strive to produce every book
to the highest commercial standards.
The music has been freshly engraved and the book
has been carefully designed to minimise awkward
page turns and to make playing from it a real
pleasure.
Particular care has been given to specifying acid-free,
neutral-sized paper made from pulps which have not
been elemental chlorine bleached. This pulp is from
farmed sustainable forests and was produced with
special regard for the environment.
Throughout, the printing and binding have been
planned to ensure a sturdy, attractive publication
which should give years of enjoyment. If your copy
fails to meet our high standards, please inform us
and we will gladly replace it.

Wise Publications
London/New York/Paris/Sydney/Copenhagen/Berlin/Madrid/Tokyo

Relative Tuning

The guitar can be tuned with the aid of pitch pipes or dedicated electronic guitar tuners which are available through your local music dealer. If you do not have a tuning device, you can use relative tuning. Estimate the pitch of the 6th string as near as possible to E or at least a comfortable pitch (not too high, as you might break other strings in tuning up). Then, while checking the various positions on the diagram, place a finger from your left hand on the:

5th fret of the E or 6th string and **tune the open A** (or 5th string) to the note (A)

5th fret of the A or 5th string and **tune the open D** (or 4th string) to the note (D)

5th fret of the D or 4th string and **tune the open G** (or 3rd string) to the note (G)

4th fret of the G or 3rd string and **tune the open B** (or 2nd string) to the note (B)

5th fret of the B or 2nd string and **tune the open E** (or 1st string) to the note (E)

E   A   D   G   B   E
or   or   or   or   or   or
6th 5th 4th 3rd 2nd 1st   Head

Nut

1st Fret

2nd Fret

3rd Fret

(B)   4th Fret

(A) (D) (G)   (E)   5th Fret

Reading Chord Boxes

Chord boxes are diagrams of the guitar neck viewed head upwards, face on as illustrated. The top horizontal line is the nut, unless a higher fret number is indicated, the others are the frets.

The vertical lines are the strings, starting from E (or 6th) on the left to E (or 1st) on the right.

The black dots indicate where to place your fingers.

Strings marked with an O are played open, not fretted. Strings marked with an X should not be played.

The curved bracket indicates a 'barre' – hold down the strings under the bracket with your first finger, using your other fingers to fret the remaining notes.

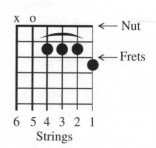

X   O   ← Nut

← Frets

6 5 4 3 2 1
Strings

The Air That I Breathe

Words & Music by
Albert Hammond & Mike Hazlewood

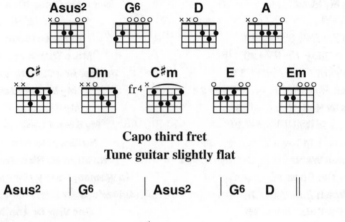

Capo third fret
Tune guitar slightly flat

Intro　　　| Asus² | G⁶ | Asus² | G⁶　D ||

Verse 1
```
A                  C#
If I could make a wish   I think I'd pass,
D              Dm        A
  Can't think of anything I need.
```

Verse 2
```
A                        C#
No cigarettes, no sleep, no light, no sound,
D            Dm          A
  Nothing to eat, no books to read.
```

Bridge
```
C#m                                   Dm            A
Making love with you has left me peaceful, warm and   tired.
C#m                                 Dm        A
What more could I ask? There's nothing left to be desired.
```

Verse 3
```
A                        C#
Peace came upon me and in peace we weep,
D            Dm          A
  So sleep, silent angel, go to sleep.
```

Chorus 1
```
A                      E                        A
Sometimes all I need is the air that I breathe and to love you.
                  E                   A
All I need is the air that I breathe, yes, to love you.
                  E              Em  D  A  E
All I need is the air that I breathe. _____
```

| *Instrumental* | Em | D | A | E | ‖ |

Verse 4

   A   C♯
Peace came upon me and in peace we'll weep,

   D   Dm   A
So sleep, silent angel, go to sleep.

Chorus 2

A   E   A
Sometimes all I need is the air that I breathe and to love you.

             E   A
All I need is the air that I breathe, yes, to love you.

             E   Em D A E
All I need is the air that I breathe. _____

Chorus 3

A   E   A
Sometimes all I need is the air that I breathe and to love you.

             E   A
All I need is the air that I breathe, yes, to love you.

             E   A
All I need is the air that I breathe, yes, to love you.

Fade out

All Right Now

Words & Music by
Paul Rodgers & Andy Fraser

A5   D/A   Dadd9/11   G5   D   E5

Intro ‖: A5 D/A | A5 | Dadd9/11 D/A | A5 :‖

Verse 1

          A5   D/A A5
There she stood in the   street

Dadd9/11   D/A   A5
Smiling from her head to her feet.

                    D/A A5
I said, "Hey now, what is   this now, baby?"

          Dadd9/11   D   A5
Maybe, maybe she's in need of a kiss.

              D/A A5
I said, "Hey, what's your name, baby?"

Dadd9/11   D/A   A5
Maybe we can see things the same.

                    D/A A5
Now don't you wait or   hesitate,

          Dadd9/11   D   A5
Let's move   before they raise the parking rate.

Chorus 1

A5   G5   D   A5
All right   now, baby it's-a all right now.

          G5   D   A5 | A5 |
All right   now, baby it's-a all right now.

A5   D/A
Let me tell you now.

| A5 | Dadd9/11 D/A | A5 ‖

Verse 2

        (A5)   D/A A5
I took her home to my place,

    Dadd9/11   **D**   **A5**
Watchin' ev'ry move on her face.

                 D/A A5
She said, "Look, what's your game, baby?

    Dadd9/11   **D**   **A5**
Are you tryin' to put me in shame?"

             D/A A5
I said-a, "Slow, don't go so fast.

    Dadd9/11   **D**   **A5**
Don't you think that love can last?"

          D/A A5
She said, "Love, Lord above,

    Dadd9/11   **D**   **A5**
Now you're tryin' to trick me in love."

Chorus 2

  A5   **G5**   **D**   **A5**
All right now, baby it's-a all right now.
           G5   **D**   **A5**
All right now, baby it's-a all right now.

Yeah, it's all right now.

Instrumental

‖: (A) | (A) | (A) | (A)   :‖

‖: A5 | G5 D | A5 | G5 D :‖   *Play 9 times*

| E | E   ‖

‖: A5 D/A | A5 | Dadd9/11 D/A | A5   :‖

Verse 3   As Verse 2

Chorus 3

     A5   **G5**   **D**   **A5**
‖: All right now, baby it's-a all right now.
              G5   **D**   **A5**
All right now, baby it's-a all right now. :‖   *Play 4 times*

All The Young Dudes

Words & Music by
David Bowie

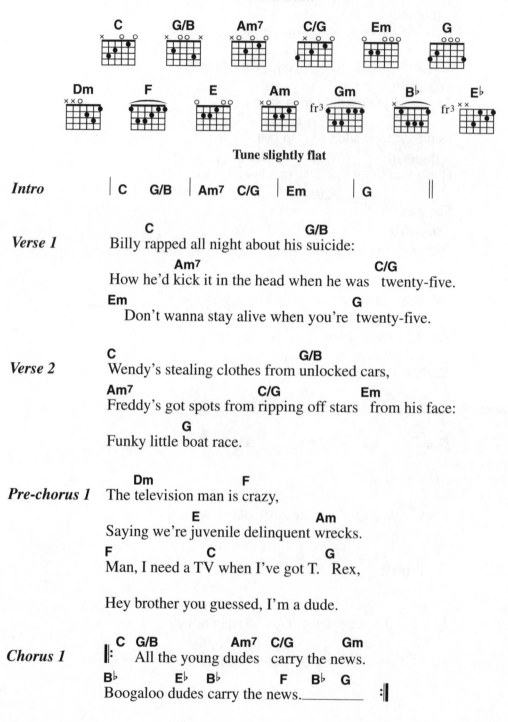

Tune slightly flat

Intro

| C G/B | Am⁷ C/G | Em | G ‖

Verse 1

          C   G/B
Billy rapped all night about his suicide:

               Am⁷   C/G
How he'd kick it in the head when he was   twenty-five.

Em   G
  Don't wanna stay alive when you're twenty-five.

Verse 2

       C   G/B
Wendy's stealing clothes from unlocked cars,

Am⁷   C/G   Em
Freddy's got spots from ripping off stars   from his face:

               G
Funky little boat race.

Pre-chorus 1

            Dm   F
The television man is crazy,

                      E   Am
Saying we're juvenile delinquent wrecks.

F   C   G
Man, I need a TV when I've got T. Rex,

Hey brother you guessed, I'm a dude.

Chorus 1

    C G/B   Am⁷ C/G   Gm
‖:   All the young dudes carry the news.

B♭   E♭ B♭   F   B♭ G
Boogaloo dudes carry the news._____ :‖

Verse 3

          C   G/B
Now Jimmy's looking sweet, though he dresses like a queen

         Am7   C/G
He can kick like a mule, it's a real mean team,

Em   G
   We can love, oh we can love.

Verse 4

              C   G/B
And my brother's back at home with his Beatles and his Stones,

         Am7   C/G
We never got it off on that revolution stuff:

Em   G
   What a drag, too many snags.

Pre-chorus 2

           Dm   F
Well I drunk a lot of wine and I'm feeling fine

           E   Am
Gonna race some cat to bed.

        F   C   G
Is this concrete all around or is it in my head?

Oh brother you guessed, I'm a dude.

Outro

    C G/B   Am7 C/G   Gm
‖:   All the young dudes   carry the news.

B♭   E♭ B♭   F   B♭ G
Boogaloo dudes carry the news.＿＿＿＿＿   :‖   *Repeat to fade*

Always On My Mind

Words & Music by
Wayne Thompson, Mark James & Johnny Christopher

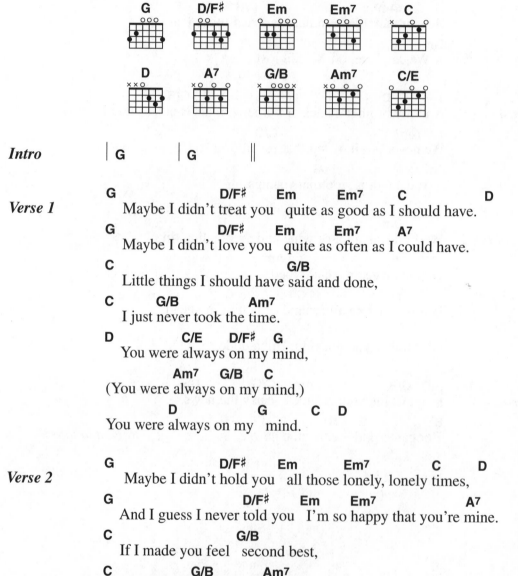

Intro | G | G ||

Verse 1
G   D/F♯   Em   Em7   C   D
Maybe I didn't treat you   quite as good as I should have.
G   D/F♯   Em   Em7   A7
Maybe I didn't love you   quite as often as I could have.
C   G/B
Little things I should have said and done,
C   G/B   Am7
I just never took the time.
D   C/E   D/F♯   G
You were always on my mind,
         Am7   G/B   C
(You were always on my mind,)
        D   G   C   D
You were always on my   mind.

Verse 2
G   D/F♯   Em   Em7   C   D
Maybe I didn't hold you   all those lonely, lonely times,
G   D/F♯   Em   Em7   A7
And I guess I never told you   I'm so happy that you're mine.
C   G/B
If I made you feel   second best,
C   G/B   Am7
Girl I'm so sorry I was blind.
D   C/E   D/F♯   G
You were always on my mind,
         Am7   G/B   C
(You were always on my mind,)
        D   G   C   D
You were always on my   mind.

Bridge

    G   **D/F♯** **Em** **Em7**
Tell _____ me,

C   **G/B**   **Am7** **D**
Tell me that your sweet love hasn't died.

G   **D/F♯** **Em** **Em7**
Give _____ me,

        C   **G/B**   **Am7** **D**
Give me one more chance to keep you satisfied,

Satis - (fied.)

Solo

 | **G** | **D/F♯** | **Em** **Em7** | **A7** ||
-fied.

Verse 3

C   **G/B**
  Little things I should have said and done,

C   **G/B**   **Am7**
  I just never took the time.

D   **C/E** **D/F♯** **G**
  You were always on my mind,

        Am7 **G/B** **C**
(You were always on my mind,)

                  D
You were always on my mind. _____

Link

 | **G** **D/F♯** | **Em** **Em7** | **C** **G/B** | **Am7** **D** |
N.C.   **G**
You were always on my mind.

Coda

G   **D/F♯**   **Em**   **Em7**   **C**   **D**
  Maybe I didn't treat you quite as good as I should have.

G   **D/F♯**   **Em**   **Em7**   **C**
  Maybe I didn't love you quite as often as I could have.

G   **D/F♯**   **Em**   **Em7**   **C**   **D**
  Maybe I didn't hold you all those lonely, lonely times,

G   **D/F♯**   **Em**   **Em7**   **A7**
  And I guess I never told you I'm so happy that you're mine.

G   **D/F♯**   **Em**   **Em7**   **C**   **D**
  Maybe I didn't treat you quite as good as I should have.

American Girl

Words & Music by
Tom Petty

Intro

‖: D | D | D | D :‖

‖: D | E/D | G/D | Dsus2/A :‖

Verse 1

    D   E7
Well, she was an American girl,

  G   A
Raised on promises,

  D   E7
She couldn't help thinking that

               G   A
There was a little more to life somewhere else.

                    D
After all, it was a great big world

  G   D/F# Em
With lots of places to run to,

A
And if she had to die trying

She had one little promise she was gonna keep.

Chorus 1

  G   A   D
Oh yeah,   alright,   take it easy, baby,

Bm
Make it last all night.

  G   A   D
She was   an American girl.

Verse 2

D   E7
Well, it was kind of cold that night,

G   A
She stood alone on the balcony.

D   E7
Yeah, she could hear the cars roll by,

            G
Out on Four Forty One

    A
Like waves crashing on the beach,

                         D
And for one desperate moment there

G   D/F♯ Em
He crept back in her memory.

A
God, it's so painful when something that is so close

Is still so far out of reach.

Chorus 2

G   A   D
Oh yeah, alright, take it easy, baby,

Bm
Make it last all night.

G   A   D
She was an American girl.

Instrumental

| G7 | A7 D7 | G7 | A7 D7 | |
| G7 | A7 D7 | G7 | A7 | ‖|

Link

| D | D | D | D | |
‖: D | E/D | G/D | Dsus2/A :‖

Coda

‖: D | E7 | G | Dsus2/A :‖ *Repeat to fade*

Angie

Words & Music by
Mick Jagger & Keith Richards

[chord diagrams: Am Am7 E7 E7/G# Gsus4 (fr3) Fsus4 F Csus4 C Gsus4/B (fr3) G Dm Fsus2]

Intro | Am Am7 Am | E7 E7/G# | Gsus4 Fsus4 F | F Csus4 C Gsus4/B ‖

Verse 1

Am   E7
Angie,   Angie,

G Gsus4   G   Fsus4 F   C Csus4 C Gsus4/B
When will those clouds all disappear?_____

Am   E7
Angie,   Angie,

G Gsus4   G Fsus4 F   Csus4 C
Where will it lead   us from here?___

Chorus 1

             G
With no lovin' in our souls

          Dm   Am
And no money in our coats,

C   F   G
You can't say we're satisfied.

Am   E7
Angie,   Angie,

G Gsus4 G   Fsus4 F Fsus2 F Csus4 C Csus2 C Gsus4/B
You can't say   we nev - er tried._____

Verse 2

Am   E7
Angie, you're beautiful, yeah,

G Gsus4 G   Gsus4 Fsus4 F Fsus2 F   Csus4 C Csus2 C Gsus4/B
But ain't it   time we said   goodbye?_____

Am   E7
Angie, I still love you,

G Gsus4   G   Fsus4 F   Fsus2 F Csus4 C Csus2 C
Remember all   those nights we cried._____

Chorus 2

G
All the dreams we held so close

        Dm   Am
Seemed to all go up in smoke.

C   F   G
  Let me whisper in your ear,

Am   E7
"Angie, Angie,

G Gsus4   G Fsus4 F Fsus2 F   Csus4 C Csus2 C Gsus4/B
  Where will it lead   us_____ from here?"_____

Instrumental | Am | E7 | Gsus4 G Gsus4 G Fsus4 F Fsus2 F |

| Csus4 C Csus2 C Gsus4/B | Am | E7 |

| Gsus4 G Fsus4 F | Csus4 C Csus2 C Gsus4/B ‖

Chorus 3

G
Oh, Angie don't you weep,

        Dm   Am
All your kisses, they'll taste sweet,

C   F   G
  I hate that sadness in your eyes.

     Am   E7
But Angie, Angie,

G Gsus4 G Fsus4 F Fsus2 F   Csus4 C Csus2 C Gsus4/B
  Ain't it time   we said   goodbye?_____

Instrumental | Am | E7 | G Gsus4 G Fsus4 F Fsus2 F |

| Csus4 C Csus2 C ‖

Chorus 4

        G
With no lovin' in our souls

        Dm   Am
And no money in our coats,

C   F   G
  You can't say we're satisfied.

Middle

    Dm   **Am**
But Angie, I still love you baby,

Dm   **Am**
  Everywhere I look I see your eyes.

Dm   **Am**
  There ain't a woman that comes close to you,

C   **F**   **G**
  Come on baby dry your eyes.

Verse 3

  Am   **E7**
Angie,   Angie,

G Gsus 4 G Fsus4 F Fsus2 F Csus4 C Csus2 C Gsus4/B
  Ain't it good to be   a - live?_____

Am   **E7**
  Angie, Angie,

G Gsus4 G   Fsus4 F Fsus2 F Csus4 C Csus2 C
  They can't say   we ne - ver tried._____

Baker Street

Words & Music by
Gerry Rafferty

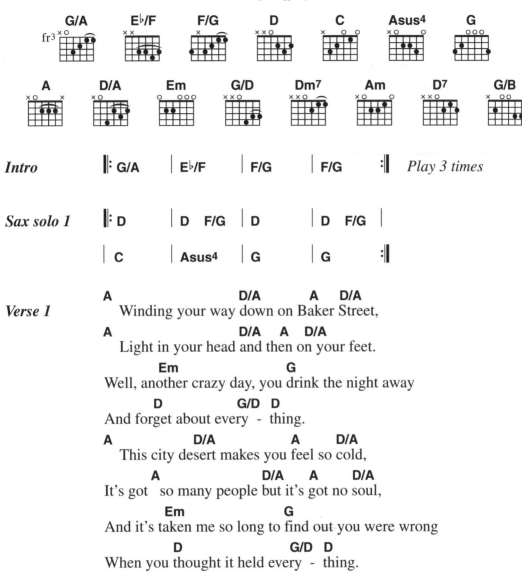

Intro ‖: G/A | Eb/F | F/G | F/G :‖ *Play 3 times*

Sax solo 1 ‖: D | D F/G | D | D F/G |

‖ C | Asus⁴ | G | G :‖

Verse 1

          A   D/A   A   D/A
Winding your way down on Baker Street,

          A   D/A A D/A
Light in your head and then on your feet.

                Em   G
Well, another crazy day, you drink the night away

               D   G/D D
And forget about every - thing.

          A   D/A   A   D/A
This city desert makes you feel so cold,

             A   D/A   A   D/A
It's got   so many people but it's got no soul,

                Em   G
And it's taken me so long to find out you were wrong

               D   G/D D
When you thought it held every - thing.

Chorus 1

Dm⁷   Am
   You used to think that it was so easy,

Dm⁷   Am
   You used to say that it was so easy

     C
But you're tryin',

G   D   D⁷
You're tryin' now.

Dm⁷   Am
   Another year and then you'll be happy,

Dm⁷   Am
   Just one more year and then you'll be happy

     C
But you're cryin',

G/B   A   F/G
You're cryin' now.

Sax solo 2   ‖: D | D   F/G | D | D   F/G |

                | C | Asus⁴ | G | G   :‖

Verse 2

A   D/A   A   D/A
   Way down the street there's a man in his place,

     A   D/A   A   D/A
He opens the door, he's got that look on his face.

          Em
And he asks you where you've been,

     G   D   G/D   D
You tell him who you've seen and you talk about any - thing.

A   D/A   A
   He's got this dream about buyin' some land,

D/A   A   D/A   A   D/A
He's gonna   give up the booze and the one night stands

       Em   G
And then he'll settle down in some quiet little town

       D   G/D   D
And forget about every - thing.

Chorus 2

Dm⁷   Am
   But you know he'll always keep movin',

Dm⁷   Am
   You know he's never gonna stop movin'

     C
'Cause he's rollin',

G   D   D⁷
He's the rollin' stone.

cont.

Dm⁷   Am
    And when you wake up it's a new morning,

Dm⁷   Am
    The sun is shining, it's a new morning,

     C
But you're going,

G/B   A   F/G
You're going home.

Sax solo 3   ‖: D | D F/G | D | D F/G |

               | C | Asus⁴ | G | G   :‖

Middle   ‖: G/A | E♭/F | F/G | F/G :‖ *Play 3 times*

Guitar solo ‖: D | D F/G | D | D F/G |

               | C | Asus⁴ | G | G   :‖

Outro/   ‖: D | D F/G | D | D F/G |
Sax solo 4

               | C | Asus⁴ | G | G   :‖ *Repeat to fade*

Baba O'Riley

Words & Music by
Pete Townshend

F   C   B♭   E♭ fr6   C7sus4 fr3

Intro   Ad Lib. synth

‖: F   C | B♭ | F   C | B♭   :‖ *Play 4 times*

Verse 1

    F   C B♭
Out here in the fields
    F   C B♭
I fight for my meals;
    F   C B♭   F   C B♭
I get my back into my living.
    F   C B♭
I don't need to fight
    F   C B♭
To prove I'm right;
    F C   B♭   F
I don't need to be forgiven.
            C   B♭
Yeah, yeah, yeah, yeah, yeah.

Link

‖: F   C | B♭ | F   C | B♭   :‖ F   C | B♭   ‖

| C | C | C | C   ‖

Bridge

N.C.
Don't cry,

Don't raise your eye:
            (C)
It's only teenage wasteland.

Verse 2

```
F           C B♭
Sally, take my  hand,
```

```
F                 C B♭
We'll travel south cross land
```

```
F              C
Put out the fire
```

```
    B♭              F      C B♭
And don't look past my shoulder.
```

```
F           C B♭
The exodus is   here,
```

```
F                C B♭
The happy ones are  near,
```

```
F                C
Let's get together
```

```
    B♭            F     C B♭
Before we get much older.
```

Solo | F   C | B♭   C | F   C | B♭   ‖

Chorus

```
              F          C B♭
Teenage wasteland,
```

```
            C   F        C B♭
It's only teenage wasteland.
```

```
      C    F
Teenage wasteland
```

```
C    B♭
Oh yeah,
```

```
      C    F        C B♭
Teenage wasteland.
```

```
              C    | C    | B♭    | B♭    ‖
They're all wasted!
```

Solo 2   ‖: C | B♭ | F | E♭   :‖

| F | F | E♭ | E♭   ‖

Violin solo | F   (ad lib. for 36 bars)   ‖

Outro | C7sus4 | C7sus4 | C7sus4 | C7sus4 | F   ‖

Band On The Run

Words & Music by
Paul & Linda McCartney

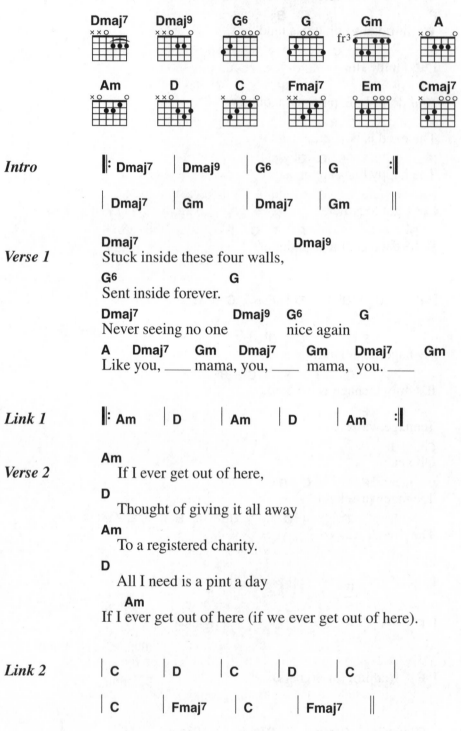

Intro

‖: Dmaj⁷ | Dmaj⁹ | G⁶ | G :‖

| Dmaj⁷ | Gm | Dmaj⁷ | Gm ‖

Verse 1

Dmaj⁷   Dmaj⁹
Stuck inside these four walls,

G⁶   G
Sent inside forever.

Dmaj⁷   Dmaj⁹ G⁶ G
Never seeing no one nice again

A Dmaj⁷ Gm Dmaj⁷ Gm Dmaj⁷ Gm
Like you, ___ mama, you, ___ mama, you. ___

Link 1

‖: Am | D | Am | D | Am :‖

Verse 2

Am
 If I ever get out of here,

D
 Thought of giving it all away

Am
 To a registered charity.

D
 All I need is a pint a day

  Am
If I ever get out of here (if we ever get out of here).

Link 2

| C | D | C | D | C |

| C | Fmaj⁷ | C | Fmaj⁷ ‖

Verse 3

           C   Fmaj⁷
Well, the rain exploded with a mighty crash

                           C
As we fell into the sun,

                        Fmaj⁷
And the first one said to the second one there,

                   Em
"I hope you're having fun."

Chorus 1

G   C   Em C   Am
Band on the run, band on the run.

    Fmaj⁷   C   Fmaj⁷
And the jailer man and Sailor Sam were searching everyone.

N.C.   C   Fmaj⁷   C Fmaj⁷ C   Fmaj⁷   C Fmaj⁷
For the band on the run,   band on the run,

C   Fmaj⁷   C Fmaj⁷ C   Fmaj⁷   C Fmaj⁷
Band on the run,   band on the run.

Verse 4

            C   Fmaj⁷
Well, the undertaker drew a heavy sigh

                         C
Seeing no one else had come,

                     Fmaj⁷
And a bell was ringing in the village square

                Em
For the rabbits on the run. ____

Chorus 2

G   C   Em C   Am
Band on the run, band on the run.

    Fmaj⁷   C   Fmaj⁷
And the jailer man and Sailor Sam were searching everyone.

N.C.   C   Fmaj⁷   C Fmaj⁷ C   Fmaj⁷   C Fmaj⁷
For the band on the run,   band on the run.

Link 3

| Em G C | Em G C | Fmaj⁷ | C | Fmaj⁷ | Fmaj⁷ ‖

Chorus 3

           C   Fmaj⁷   C Fmaj⁷ C   Fmaj⁷   C Fmaj⁷
Yeah, the band on the run,   the band on the run.

C   Fmaj⁷   C Fmaj⁷ C   Fmaj⁷   C Fmaj⁷
Band on the run,   band on the run.

Verse 5

          C   **Fmaj⁷**
Well, the night was falling as the desert world

                 C
Began to settle down.

                        Fmaj⁷
In the town they're searching for us everywhere

                 Em
But we never will be found.

Chorus 4

  G   **C** **Em** **C**   **Am**
Band on the run, band on the run.

      Fmaj⁷   **Cmaj⁷**
And the county judge who held a grudge

Fmaj⁷
Will search for ever more

      C   **Fmaj⁷**   **C** **Fmaj⁷** **C**   **Fmaj⁷**   **C** **Fmaj⁷**
For the band on the run,   band on the run,

C   **Fmaj⁷**   **C** **Fmaj⁷** **C**   **Fmaj⁷**   **C** **Fmaj⁷**
Band on the run,   band on the run.

Coda | **Em G C**   ‖

Bat Out Of Hell

Words & Music by
Jim Steinman

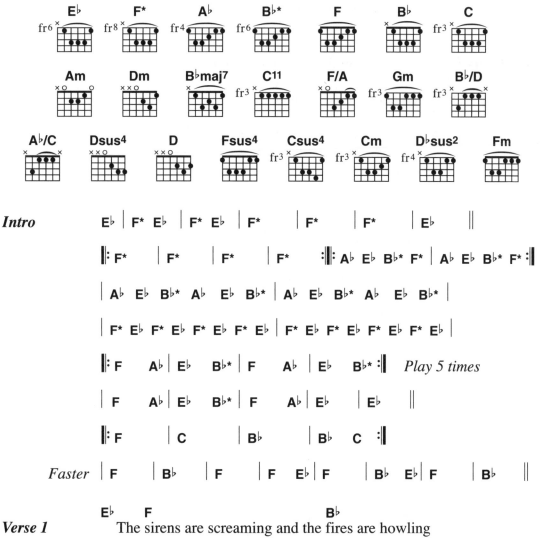

Intro

Eb | F* Eb | F* Eb | F* | F* | F* | Eb ||

||: F* | F* | F* | F* :||: Ab Eb Bb* F* | Ab Eb Bb* F* :||

| Ab Eb Bb* Ab Eb Bb* | Ab Eb Bb* Ab Eb Bb* |

| F* Eb F* Eb F* Eb F* Eb | F* Eb F* Eb F* Eb F* Eb |

||: F Ab | Eb Bb* | F Ab | Eb Bb* :|| *Play 5 times*

| F Ab | Eb Bb* | F Ab | Eb | Eb ||

||: F | C | Bb | Bb C :||

Faster | F | Bb | F | F Eb | F | Bb Eb | F | Bb ||

Verse 1

    Eb   F   Bb
The sirens are screaming and the fires are howling

    F
Way down in the valley tonight,

Eb   F   Am
There's a man in the shadows with a gun in his eye

    Bb
And a blade shining oh so bright,

       F   C
There's evil in the air and there's thunder in the sky

Dm   C Bb
And a killer's on the bloodshot streets,

cont.

                   F   C
Oh, and down in the tunnel where the deadly are rising

    B♭
Oh, I swear I saw a young boy down in the gutter:

         B♭maj7   C   C11   C   C11
He was starting to foam in the heat.

         B♭   C

Pre-chorus 1 Oh baby, you're the only thing in this whole world

         F   B♭
That's pure and good and right

                         C
And wherever you are and wherever you go

      B♭   F
There's always gonna be some light

      B♭   C
But I gotta get out, I gotta break it out now

   Dm   B♭
Before the final crack of dawn.

      F   C
So we gotta make the most of our one night together

        B♭   C   C11 C C11
When it's over you know, we'll both be so alone.

         F

Chorus 1   Like a bat out of hell

       B♭   F
I'll be gone when the morning comes.

When the night is over

     Am   B♭   F/A Gm
Like a bat out of hell I'll be gone gone gone

     F
Like a bat out of hell

     C   B♭
I'll be gone when the morning comes

       F   C
But when the day is done and the sun goes down

    B♭   Gm   Am B♭ C
And the moonlight's shining through,

         F   Am Dm   F
Then like a sinner before the gates of heaven

     B♭maj7   F/A   Gm
I'll come crawling on back to you.

Link 1 | B♭ C11 | B♭ C11 ||

Verse 2

    F   **B♭**
I'm gonna hit the highway like a battering ram

      F
On a silver black phantom bike,

                           Am
When the metal is hot and the engine is hungry

        B♭
And we're all about to see the light.

F   **C**
Nothing ever grows in this rotting old hole,

   Dm   **C** **B♭**
And everything is stunted and lost,

      F   **C**
And nothing really rocks, and nothing really rolls,

     B♭   **C**   **F**
And nothing's ever worth the cost.

Verse 3

     B♭   **C**   **F**
And I know that I'm damned if I never get out

     B♭   **C**   **F**
And maybe I'm damned if I do,

        B♭   **C**   **Dm**
But with every other beat I got left in my heart

           B♭   **C**   **F**
You know I'd rather be damned with you.

       F   **C**
Well if I gotta be damned you know I wanna be damned

 B♭   **C**   **F**
Dancing through the night with you.

                              C
Well if I gotta be damned you know I wanna be damned

F   **B♭**
Gotta be damned, you know I wanna be damned,

F   **C**
Gotta be damned, you know I wanna be damned,

B♭   **C** **B♭**   **C**
Dancing through the night, dancing through the night,

B♭   **C**   **F**
Dancing through the night with you.

Link 2   ‖: **F*** **E♭** | **B♭/D** **A♭/C** | **F*** **E♭** | **B♭/D** **A♭/C** :‖

               | **C** | **C¹¹** | **C** | **C¹¹** ‖

                        Bb   C
Pre-chorus 2   Oh baby, you're the only thing in this whole world
                        F   Bb
                 That's pure and good and right
                                              C
                 And wherever you are and wherever you go
                        Bb   F
                 There's always gonna be some light
                        Bb   C
                 But I gotta get out, I gotta break it out now
                    Dm   Bb
                 Before the final crack of dawn.
                        F   C
                 So we gotta make the most of our one night together
                        Bb   C   C¹¹ C C¹¹
                 When it's over you know, we'll both be so alone.

                        F   Bb   F
Chorus 2   Like a bat out of hell I'll be gone when the morning comes.
                                         Am   Bb   F/A Gm
                 When the night is over like a bat out of hell I'll be gone gone gone
                        F   C   Bb
                 Like a bat out of hell I'll be gone when the morning comes
                        F   C
                 But when the day is done and the sun goes down
                        Bb   Gm   Am Bb C
                 And the moonlight's shining through,
                            F   Am   Dm   F
                 ‖: Then like a sinner before the gates of heaven
                        Bbmaj⁷   F/A   Gm
                 I'll come crawling on back to you. :‖

Link 3 | (F) | (F) | (F) | (F) |

                 ‖: F | F | Ab | Ab | Eb | Eb | C | C   :‖

                 | Dsus⁴ | D | Dsus⁴ | D | Fsus⁴ | F | Fsus⁴ | F   ‖

                        Bb
Verse 4   I can see myself tearing up the road
                                              F
                 Faster than any other boy has ever gone,
                        Bb
                 And my skin is raw but my soul is ripe,

                 No one's gonna stop me now.

           F   **E♭**   **B♭**   **F**
I'm gonna make my escape but I can't stop thinking of you

    A♭   **E♭**   **F**
And I never see the sudden curve until it's way too late.

‖: **Csus⁴ C** | **C** | **Csus⁴ C** | **C** :‖

    A♭   **E♭**   **F**
And I never see the sudden curve till it's way too late.

Verse 5

        E♭   **F**   **Gm**
Then I'm dying at the bottom of a pit in the blazing sun,

E♭   **F**   **Gm**
Torn and twisted at the foot of a burning bike,

    A♭   **B♭**   **Cm**
And I think somebody somewhere must be tolling a bell

    E♭   **F**   **Gm**   **E♭**
And the last thing I see is my heart still beating,

    Gm   **Cm**   **C**
Breaking out of my body and flying away

        Fsus⁴ **F**
Like a bat out of hell. _____

Verse 6

      N.C.   **A♭**   **N.C.**   **B♭**   **Cm**
Then I'm dying at the bottom of a pit in the blazing sun,

N.C.   **A♭**   **N.C.**   **B♭**   **Cm**
Torn and twisted at the foot of a burning bike,

    E♭   **F**   **Gm**
And I think somebody somewhere must be tolling a bell

    A♭   **B♭**   **Cm**   **D♭sus²**
And the last thing I see is my heart still beating, still beating:

    Csus⁴   **C**   **Csus⁴** **C**
Breaking out of my body and flying away_____

N.C.   **F** **C**
Like a bat out of hell.

B♭   **F**   **C**
  Like a bat out of hell,

B♭   **F**   **Fm** **C**
  Like a bat out of hell ,

             F
‖: Like a bat out of hell,

      C   **B♭**
(I'll be gone when the morning comes.) :‖

        F   **C¹¹** **F** **C¹¹**
Like a bat out of hell. _____

Coda   ‖: **F** | **C¹¹** | **F** | **C¹¹** | **F** | **C¹¹** :‖ *Repeat to fade*

Big Yellow Taxi

Words & Music by
Joni Mitchell

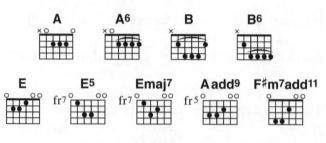

Intro | A A6 | A A6 | B B6 | B B6 |

| E | E | E | E ||

Verse 1

A   E
They paved paradise and put up a parking lot

A
With a pink hotel,

B   E
A boutique and a swinging hot-spot.

Chorus 1

E5   Emaj7
Don't it always seem to go

Aadd9   F♯m7add11 E
That you don't know what you've got   till it's gone.

A   A6 B   B6   E
They paved paradise, put up a parking lot.

Choo ba ba ba ba, choo ba ba ba ba.

Verse 2

A   E
They took all the trees and put them in a tree museum

A
And they charged the people

B   E
A dollar and a half just to see 'em.

Chorus 2   As Chorus 1

Verse 3

```
A                                    E
Hey farmer, farmer, put away that DDT now,
        A
Give me spots on apples
    B                        E
But leave me the birds and the bees, please!
```

Chorus 3   As Chorus 1

Verse 4

```
A                                    E
Late last night I heard the screen door slam
        A
And a big yellow taxi
B                   E
Took away my old man.
```

Chorus 4   As Chorus 1

Chorus 5

```
      E5              Emaj7
I said, don't it always seem to go
            Aadd9                 F♯m7add11   E
That you don't know what you've got   till it's gone.
        A         A6   B      B6      E
They paved paradise, put up a parking lot.
```

Choo ba ba ba ba,
```
        A         A6   B      B6      E
They paved paradise, put up a parking lot.
```

Choo ba ba ba ba.
```
        A         A6   B      B6      E        | E      ‖
They paved paradise, put up a parking lot.
```

Bridge Over Troubled Water

Words & Music by
Paul Simon

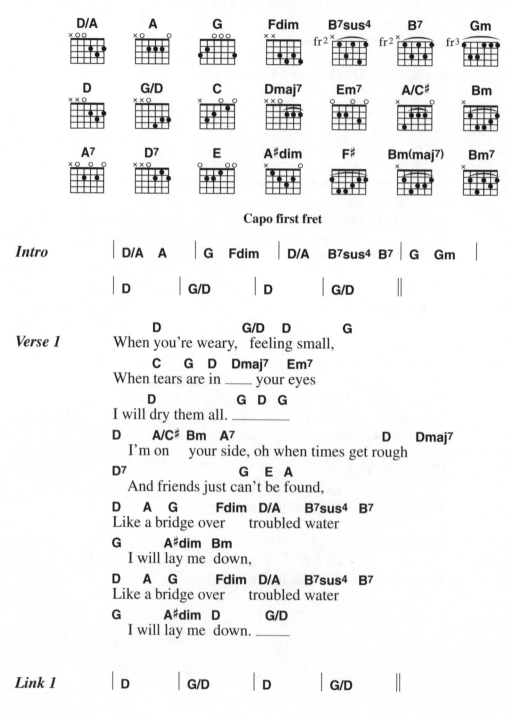

D/A   A   G   Fdim   B⁷sus⁴   B⁷   Gm

D   G/D   C   Dmaj⁷   Em⁷   A/C♯   Bm

A⁷   D⁷   E   A♯dim   F♯   Bm(maj⁷)   Bm⁷

Capo first fret

Intro | D/A A | G Fdim | D/A B⁷sus⁴ B⁷ | G Gm |

| D | G/D | D | G/D ||

Verse 1
        D   G/D D   G
When you're weary,   feeling small,

        C G D Dmaj⁷ Em⁷
When tears are in ____ your eyes

        D   G D G
I will dry them all. _____

D   A/C♯ Bm A⁷   D   Dmaj⁷
  I'm on   your side, oh when times get rough

D⁷   G E A
  And friends just can't be found,

D A G   Fdim D/A   B⁷sus⁴ B⁷
Like a bridge over   troubled water

G   A♯dim Bm
  I will lay me down,

D A G   Fdim D/A   B⁷sus⁴ B⁷
Like a bridge over   troubled water

G   A♯dim D   G/D
  I will lay me down. ____

Link 1 | D | G/D | D | G/D ||

Verse 2

           D   G/D
When you're down and out,

                   D   G
When you're on the street,

         C   G D   Dmaj7   Em7
When evening falls _____ so hard

        D   G   D G
I will comfort you.

D   A/C♯ Bm A7   D   Dmaj7
  I'll take   your part, oh when darkness comes _____

D7   G   E   A
  And pain is all around

D   A   G   Fdim D/A   B7sus4 B7
Like a bridge over   troubled water

G   A♯dim Bm
  I will lay me down,

D   A   G   Fdim D/A   B7sus4 B7
Like a bridge over   troubled water

G   F♯   Bm   Bm(maj7) Bm7 E
  I will lay me down.

Link 2 | D/A A | G Bm | G Gm | D | G/D |

              | D | G/D | D | G/D ||

Verse 3

           D   G/D D   G
Sail on Silver Girl, sail on by

         C   G D   Dmaj7 Em7
Your time has come   to shine

          D   G   D G
All your dreams are on their way.

D   A/C♯ Bm   A7   D   Dmaj7
  See how they   shine, oh if you need a friend

D7   G   E   A
  I'm sailing right be - hind

D   A G   Fdim   D/A   B7sus4 B7
Like a bridge over   troubled water

G   A♯dim   Bm
  I will ease your mind,

D   A G   Fdim D/A Bm7
Like a bridge over   troubled water

G   F♯   Bm   Bm(maj7) Bm7 E
  I will ease your mind. _____

Coda | D/A A | G Bm | G Gm | D   ‖

Bright Side Of The Road

Words & Music by
Van Morrison

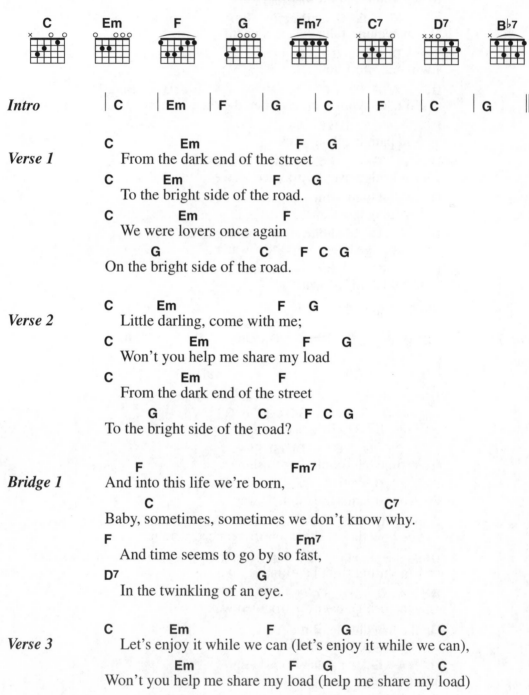

Intro | C | Em | F | G | C | F | C | G ‖

Verse 1

C   Em   F G
From the dark end of the street

C   Em   F   G
To the bright side of the road.

C   Em   F
We were lovers once again

G   C   F C G
On the bright side of the road.

Verse 2

C   Em   F G
Little darling, come with me;

C   Em   F   G
Won't you help me share my load

C   Em   F
From the dark end of the street

G   C   F C G
To the bright side of the road?

Bridge 1

F   Fm7
And into this life we're born,

C   C7
Baby, sometimes, sometimes we don't know why.

F   Fm7
And time seems to go by so fast,

D7   G
In the twinkling of an eye.

Verse 3

C   Em   F   G   C
Let's enjoy it while we can (let's enjoy it while we can),

Em   F G   C
Won't you help me share my load (help me share my load)

cont.

           Em   **F**
From the dark end of the street
     G   **C**   **F C G**
To the bright side of the road?

Solo   ‖: **C** | **Em** | **F** | **G**   :‖ *Play 3 times*

             | **C** | **F** | **C** | **B♭7** ‖

Bridge 2   As Bridge 1

Verse 4

  C   **Em**   **F**   **G**   **C**
Let's enjoy it while we can (let's enjoy it while we can);
        Em   **F** **G**   **C**
Won't you help me sing my song (help me sing my song)?
     Em   **F**
Little darling, come along
    G   **C**   **F C G**
On the bright side of the road.

Verse 5

  C   **Em**   **F**   **G**   **C**
From the dark end of the street (from the dark end of the street)
     Em   **F**   **G**   **C**
To the bright side of the road (to the bright side of the road).
     Em   **F**
Little darling, come along
    G   **C**   **F C G**
On the bright side of the road.

Verse 6

  C   **Em**   **F**   **G**   **C**
From the dark end of the street (from the dark end of the street)
     Em   **F**   **G**   **C**
To the bright side of the road (to the bright side of the road).
     Em   **F**
We be lovers once again
    G   **C**   **F C G**
On the bright side of the road.

Coda

       C **Em**   **F**
We be   lovers once again
    G   **C**   **F C G**
On the bright side of the road,
  C   **Em**   **F**   **G**
We be lovers once again.
                    Fade out

The Boys Are Back In Town

Words & Music by
Phil Lynott

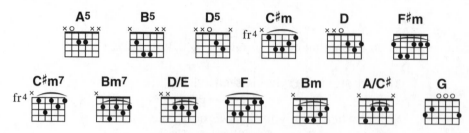

Tune guitar down one semitone

Intro   ‖: A5 | A5 | B5 | D5 :‖ *Play 4 times*

Verse 1

   A5   C#m
Guess who just got back today,

D   F#m
  Them wild-eyed boys that had been away.

C#m7   F#m
  Haven't changed,   hadn't much to say,

Bm7   D/E
  But man, I still think them cats are crazy.

A5   C#m
  They were asking if you were around,

D   F
  How you was, where you could be found.

C#m7   F#m
  Told them you may be livin' downtown,

Bm7   D/E
  Driving all the old men crazy.

Chorus 1

        A5   B5
The boys are back in town, (the boys are back in town,)

D5   A5   B5   D5
  I said the boys are back in town, (the boys are back in town,)

      A5
The boys are back in town, (the boys are back in town,)

B5   D5
The boys are back in town, (the boys are back.)

Instrumental ‖: **A5** | **Bm** | **A/C♯** | **D/E** :‖

Verse 2

A5   **C♯m**
  You know that chick that used to dance a lot?
D   **F♯m**
  Every night she'd be on the floor shakin' what she got.
C♯m7   **F♯m**
  Man, when I tell you she was cool, she was red hot,
Bm7   **D/E**
  I mean… steaming!
A5   **C♯m**
  And that time over at Johnny's place,
D   **F**
  Well, this chick got up and she slapped Johnny's face.
C♯m7   **F♯m**
  Man we fell about the place,
Bm7   **D/E**
  If that chick don't wanna know,   forget her.

Chorus 2

    A5   **B5**
The boys are back in town, (the boys are back in town,)
D5   **A5**   **B5**   **D5**
  I said the boys are back in town, (the boys are back in town,)
    A5
The boys are back in town, (the boys are back in town,)
B5   **D5**
The boys are back in town, (the boys are back.)

Instrumental ‖: **A5** | **Bm** | **A/C♯** | **D/E** :‖

‖: **G** | **D** | **C♯m7** | **F♯m** | **Bm7** | **D/E** | **F♯m** | **F♯m** :‖

Verse 3

A5   **C♯m**
  Friday night   dressed to kill,
D   **F♯m**
  Down at Dino's bar and grill.
C♯m7   **F♯m**
  The drink will flow   and blood will spill
Bm7   **D/E**
  And if the boys wanna fight you better let 'em.

cont.

    A5   **C♯m**   **D**
The jukebox in the corner blasting out my favourite song,

F   **C♯m7**
These nights are getting warmer and it won't be long,

F♯m   **Bm7**   **D/E**
Won't be long 'till summer comes.

Chorus 3

          A5   **B5**
And the boys are back in town, (the boys are back in town,)

D5   **A5**   **B5**   **D5**
I said the boys are back in town, (the boys are back in town,)

   A5
The boys are back in town, (the boys are back in town,)

B5   **D5**   **A5**
Spread the word around, the boys are back in town.

| **B5** | **D5** | ‖

Instrumental ‖: **A5** | **A5** | **G** | **F♯m** | **G** | **F♯m** | **D** | **D/E** :‖

‖: **A5** | **Bm** | **A/C♯** | **D/E** :‖ *Play 7 times*

| **A5** | **Bm** | **A/C♯** | **D** | **D** | **D/E** | **A5** ‖

Cool For Cats

Words & Music by
Chris Difford & Glenn Tilbrook

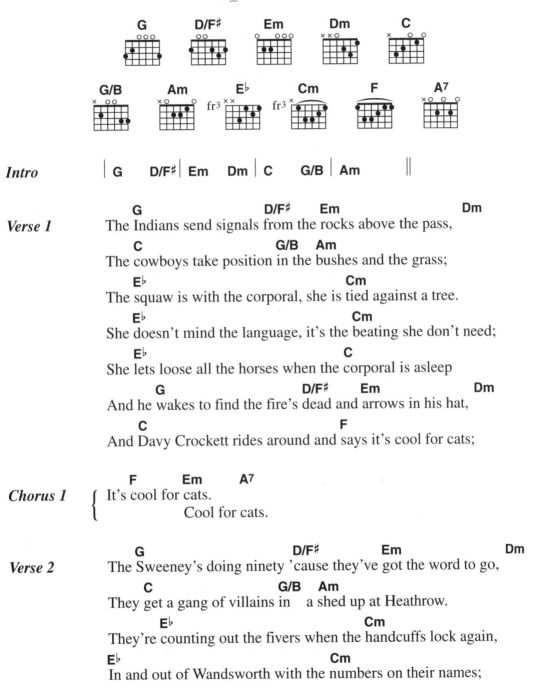

Intro | G   D/F♯ | Em   Dm | C   G/B | Am ||

Verse 1

         G   D/F♯   Em   Dm
The Indians send signals from the rocks above the pass,

     C   G/B Am
The cowboys take position in the bushes and the grass;

       E♭   Cm
The squaw is with the corporal, she is tied against a tree.

       E♭   Cm
She doesn't mind the language, it's the beating she don't need;

       E♭   C
She lets loose all the horses when the corporal is asleep

         G   D/F♯   Em   Dm
And he wakes to find the fire's dead and arrows in his hat,

     C   F
And Davy Crockett rides around and says it's cool for cats;

Chorus 1

        F   Em   A7
{ It's cool for cats.
                 Cool for cats.

Verse 2

        G   D/F♯   Em   Dm
The Sweeney's doing ninety 'cause they've got the word to go,

     C   G/B Am
They get a gang of villains in   a shed up at Heathrow.

        E♭   Cm
They're counting out the fivers when the handcuffs lock again,

 E♭   Cm
In and out of Wandsworth with the numbers on their names;

cont.

     E♭   **C**

It's funny how their missus always looks the bleedin' same.

    G   **D/F♯**   **Em**   **Dm**

And meanwhile at the station there's a couple of likely lads

    C   **F**

Who swear like 'ow's your father and they're very cool for cats;

Chorus 2
           F   **Em**   **A7**

{ They're cool for cats.
                    Cool for cats.

Verse 3
    G   **D/F♯**   **Em**   **Dm**

To change the mood a little, I've been posing down the pub,

    C   **G/B**   **Am**

I'm seeing my reflection,   I'm looking slightly rough,

    E♭   **Cm**

I fancy this, I fancy that, I want a piece of flesh;

    E♭   **Cm**

I give a little muscle and I spend a little cash

     E♭   **C**

But all I get is bitter and a nasty little rash.

    G   **D/F♯**   **Em**   **Dm**

And by the time I'm sober I've forgotten what I've had,

    C   **F**

And everybody tells me that it's cool to be a cat;

Chorus 3
           F   **Em**

{ It's cool for cats.
                    Cool for (cats.)

A7	**A7**	

cats.

Instrumental ‖: (Em) | (Em) | (Em) | (Em) :‖ *Play 4 times*

Verse 4
    G   **D/F♯**   **Em**   **Dm**

Shape up at the disco when I think I've got her pulled:

    C   **G/B**   **Am**

I ask her lots of questions as she hangs on to the wall.

    E♭   **Cm**

I kiss her for the first time and then I take her home;

     E♭   **Cm**

I'm invited in for coffee and I give the dog a bone.

cont.
       E♭   C

She likes to go to discos but she's never on her own.

    G   D/F♯ Em   Dm

I said I'll see you later and   I give her some old chat

        C   F

But it's not like that on the TV when it's cool for cats;

           F   Em   A⁷

Chorus 4   { It's cool for cats.

                         Cool for cats.

Coda   ‖: G   D/F♯| Em Dm | C G/B | Am |

            | E♭ | Cm | E♭ | Cm |

            | E♭ | C | G D/F♯| Em Dm |

            | C | F | Em | A⁷   :‖ *Repeat to fade*

                      (Cool for cats.)

Car Wash

Words & Music by
Norman Whitfield

D7 C D7#9 G D Em A

Intro

Handclaps and percussion Ad lib.

‖: D7 | D7 | D7 :‖ D7 | (D7) ‖

Verse 1

D7
   You might not ever get rich,   C
D7   C
   But let me tell you it's better than digging a ditch.
D7   C
   There ain't no telling who you might meet:
   D7   C
A movie star or maybe even an Indian chief.

Chorus 1

                    D7
Working at the car wash,

Working at the car wash, yeah.

Come on and sing it with me:

Car wash, sing it with the feeling, yes.
                    D7#9
Car wash, yeah.

Verse 2

D7   C
   Some of the work gets kind of hard,
D7   C
   And this ain't no place to be if you planned on being a star.
D7   C
   Let me tell you it's always cool,
        D7   C
And the Boss don't mind sometimes if you act the fool.

Chorus 2	**D⁷** At the car wash,

Chorus 2

    D⁷
At the car wash,

Talking about the car wash, yeah.

Come on, y'all and sing it for me,

Car wash,

           D⁷♯9
Car wash, yeah.

Verse 3

  D⁷   **C**
(Work and work) Well those cars never seem to stop coming.
  D⁷   **C**
(Work and work) Keep those rags and machines humming.
  D⁷   **C**
(Work and work) My fingers to the bone.
  D⁷   **C**
(Work) My father can't wait till it's time to go home.

Bridge

G D Em
        Hey, get your car washed today,
G D Em
        Fill up and you don't have to pay,
G D Em   **G**   **A**
        Come on and give us a play. (Get a wash, right away)

Chorus 3   As Chorus 1 *with vocals ad lib*

Coda

  D⁷   **C**
(Car wash) Well those cars never seem to stop coming.
  D⁷   **C**
(Car wash) Keep those rags and machines humming.
  D⁷   **C**
(Car wash) Let me tell you it's always cool,
        D⁷
And the Boss don't mind sometimes if you act the fool.
                                 Fade out

Coz I Luv You

Words & Music by
Noddy Holder & Jim Lea

Am   Dm   B♭

Intro | Am | Am   ‖

Verse 1

         Dm
I won't laugh at you, when you boo-hoo-hoo
    Am
Coz I luv you.
    Dm
I can't turn my back on the things you like
    Am
Coz I luv you.
B♭   **Am**
I just like the things you do,
B♭   **Am**
Don't you change the things you do.

Verse 2

         Dm
You get me in a spot, that's all the smile you got
     Am
Then I luv you.
         Dm
You make me out a clown and you put me down
     Am
I still luv you.
B♭   **Am**
I just like the things you do,
B♭   **Am**
Don't you change the things you do, yeah.

Instrumental ‖: Dm | Dm | Am | Am :‖

                       ‖: B♭ | B♭ | Am | Am :‖

Verse 3

Dm
When you bite your lip, you're going to flip your thick

Am
But I luv you.

Dm
When we're miles apart, you still reach my heart

Am
How I luv you.

B♭   Am
I just like the things you do,

B♭   Am
Don't you change the things you do.

Verse 4

Dm
Only time can tell you that I want you,

Am
Coz I luv you.

Dm
Oh, it makes such fun when you're beside my side

Am
Coz I luv you.

B♭   Am
I just like the things you do,

B♭   Am
Don't you change the things you do.

Outro

‖: Dm | Dm | Am | Am   :‖
With vocal ad lib.

‖: B♭ | B♭ | Am | Am   :‖

‖: Dm | Dm | Am | Am   :‖   *Repeat to fade*

Cruel To Be Kind

Words & Music by
Nick Lowe & Ian Gomm

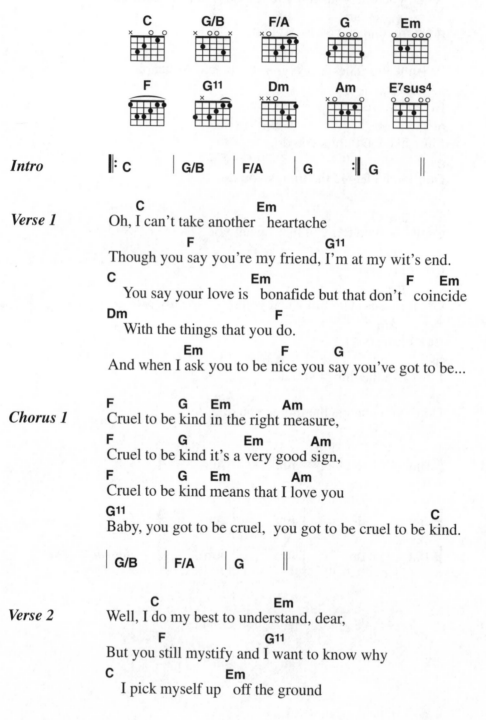

Intro   ‖: C | G/B | F/A | G :‖ G ‖

Verse 1

C   Em
Oh, I can't take another   heartache
              F   G11
Though you say you're my friend, I'm at my wit's end.
C   Em   F   Em
   You say your love is   bonafide but that don't   coincide
Dm   F
   With the things that you do.
              Em   F   G
And when I ask you to be nice you say you've got to be...

Chorus 1

F   G   Em   Am
Cruel to be kind in the right measure,
F   G   Em   Am
Cruel to be kind it's a very good sign,
F   G   Em   Am
Cruel to be kind means that I love you
G11   C
Baby, you got to be cruel, you got to be cruel to be kind.

| G/B | F/A | G ‖

Verse 2

         C   Em
Well, I do my best to understand, dear,
            F   G11
But you still mystify and I want to know why
   C   Em
   I pick myself up   off the ground

cont.

               F   Em   Dm   F
To have you knock me back down again and again?

             Em   F
And when I ask you to explain,

         G
You say you've got to be...

Chorus 2

F   G   Em   Am
Cruel to be kind in the right measure,

F   G   Em   Am
Cruel to be kind it's a very good sign,

F   G   Em   Am
Cruel to be kind means that I love you

G¹¹   C
Baby, you got to be cruel, you got to be cruel to be kind.

| C | | E⁷sus⁴ | E⁷sus⁴ ‖

Guitar solo   ‖: F   G | Em Am :‖ *Play 3 times*

               | G¹¹ | G¹¹ | G   ‖

Verse 3   As Verse 2

Chorus 3

F   G   Em   Am
Cruel to be kind in the right measure,

F   G   Em   Am
Cruel to be kind it's a very good sign,

F   G   Em   Am
Cruel to be kind means that I love you

G¹¹
Baby, you got to be cruel, you got to be cruel to be (kind.)

Chorus 4 { ‖:
             F   G   Em   Am
            Cruel to be kind in the right measure,
             kind.

F   G   Em   Am
Cruel to be kind it's a very good sign,

F   G   Em   Am
Cruel to be kind means that I love you

G¹¹
Baby, you got to be cruel, you got to be cruel to be :‖

                                   Repeat to fade

Dancing Queen

Words & Music by
Benny Andersson, Björn Ulvaeus & Stig Anderson

A   D/A   E/A   E/G#   D/F#   A/E   E

C#7   F#m   B7/D#   D   Bm7   D/E   E7   E/F#

Intro | A | D/A | A | D/A |

| A | D/A | E/A A E/G# | D/F# A/E |

E   C#7   F#m   B7/D#
You can dance, you can jive, having the time of your life.

D   Bm7   D/E   A   D/A
See that girl, watch that scene, diggin' the dancing queen.

| A D/A | A D/A ‖

Verse 1

A   D/A
Friday night and the lights are low,

A   F#m
Looking out for a place to go,

    E7   A/E   E7   A/E
Oh, where they play the right music, getting in the swing,

E   F#m   E/F# F#m
You come to look for a king.

Verse 2

A   D/A
Anybody could be that guy, ____

A   F#m
Night is young and the music's high,

E7   A/E E7   A/E
With a bit of rock music, ev'rything is fine.

E   F#m   E/F# F#m
You're in the mood for a dance,

                       Bm7   E7
And when you get the chance…

Chorus 1

             A   D/A   A   D/A
You are the dancing queen, young and sweet, only seventeen.
A   D/A   E/A A   E/G♯ D/F♯ A/E
Dancing queen, feel the beat from the tam - bourine, oh   yeah. _____
E   C♯7   F♯m   B7/D♯
You can dance, you can jive, having the time of your life.
       D   Bm7   D/E   A   D/A A D/A
Oh, see that girl, watch that scene, diggin' the dancing queen. _____

Link

| A D/A | A D/A ‖

Verse 3

A   D/A
You're a teaser, you turn 'em on,
A   F♯m
Leave 'em burning and then you're gone,
E7   A/E E7   A/E
Looking out for another, anyone will do.
E   F♯m   E/F♯ F♯m
You're in the mood for a dance,
           Bm7   E7
And when you get the chance…

Chorus 2

             A   D/A   A   D/A
You are the dancing queen, young and sweet, only seventeen.
A   D/A   E/A A   E/G♯ D/F♯ A/E
Dancing queen, feel the beat from the tam - bourine, oh   yeah. _____
E   C♯7   F♯m   B7/D♯
You can dance, you can jive, having the time of your life.
       D   Bm7   D/E   A   D/A A D/A
Oh, see that girl, watch that scene, diggin' the dancing queen. _____
             A   D/A   A D/A
Diggin' the dancing queen. _____

Outro

‖: A | D/A | A | D/A   :‖ *Repeat to fade*

Don't Stop

Words & Music by
Christine McVie

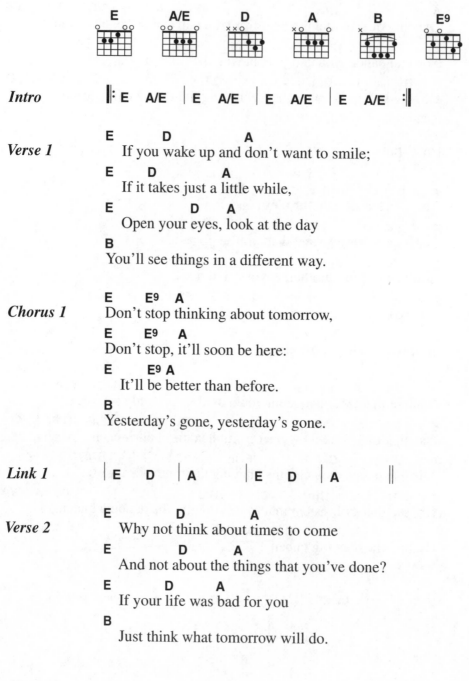

E   A/E   D   A   B   E9

Intro

‖: E   A/E | E   A/E | E   A/E | E   A/E :‖

Verse 1

    E   D   A
If you wake up and don't want to smile;
    E   D   A
If it takes just a little while,
    E   D   A
Open your eyes, look at the day
    B
You'll see things in a different way.

Chorus 1

    E   E9   A
Don't stop thinking about tomorrow,
    E   E9   A
Don't stop, it'll soon be here:
    E   E9 A
   It'll be better than before.
    B
Yesterday's gone, yesterday's gone.

Link 1

| E   D | A | E   D | A   ‖

Verse 2

    E   D   A
Why not think about times to come
    E   D   A
And not about the things that you've done?
    E   D   A
If your life was bad for you
    B
Just think what tomorrow will do.

Chorus 2   As Chorus 1

Link 2 +
Guitar solo

| B | | B | | ‖: E | D | A | | :‖ *Play 3 times* |

| B | | B | | B | | B | | ‖ |

Verse 3

E   D   A
All I want is to see you smile,

E   D   A
If it takes just a little while.

E   D   A
I know you don't believe that it's true,

B
I never meant any harm to you.

Chorus 3

E   E⁹ A
Don't stop thinking about tomorrow,

E   E⁹ A   N.C.
Don't stop, it'll soon be here:

E   E⁹ A
It'll be better than before.

B
Yesterday's gone, yesterday's gone.

Chorus 4

E   E⁹ A
Don't stop thinking about tomorrow,

E   E⁹ A
Don't stop, it'll soon be here:

E   E⁹ A
It'll be better than before.

B
Yesterday's gone, yesterday's gone.

Coda

    E   E⁹ A   E   E⁹ A
‖: Ooh, _____ don't you look back. _____ :‖   *Repeat to fade*

(Don't Fear) The Reaper

Words & Music by
Donald Roeser

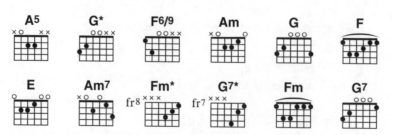

Intro   ‖: A5 G* | F6/9 G* | A5 G* | F6/9 G* :‖

Verse 1

Am G F   G Am G F G
All   our times have come

Am G F   G   Am   G F G
Here but now they're gone.

Chorus 1

F   G   Am
Seasons don't fear the reaper,

            F   E   Am
Nor do the wind, the sun or the rain.

        G   F   G   Am
We can be like they are, come on baby.

        G   F   G   Am
Don't fear the reaper, baby take my hand.

        G   F   G   Am
Don't fear the reaper, we'll be able to fly.

        G   F   G   Am G F G
Don't fear the reaper , baby I'm your man.

Link 1

Am G F G Am G F G
La,   la la, la, la,

Am G F G Am G F G
La,   la la, la, la.

| Am G F G | Am7   ‖

Link 2   ‖: A5 G* | F6/9 G* | A5 G* | F6/9 G* :‖

Verse 2

```
Am  G   F   G Am   G F G
Val - en - tine is  done,
Am  G   F   G     Am   G F G
Here   but now they're gone.
```

Chorus 2

```
      F      G    Am        F        E   Am
        Romeo and Juliet are together in eternity,
          G     F              G              Am
{ Romeo and Juliet.
                    Forty thousand men and women every-
              G    F            G              Am
{ Like Romeo and Juliet
{ day.                  Forty thousand men and women everyday
  G         F           G            Am
{ Really find happiness.
{                   Another forty thousand coming every-
```

Chorus 3

```
          G     F      G     Am
{ We can be like they are, come on baby.
{ day.
          G     F          G    Am
Don't fear the reaper, baby take my hand.
          G     F          G    Am
Don't fear the reaper, we'll be able to fly.
          G     F          G     Am   G F G
Don't fear the reaper, baby I'm your man.
```

Link 3

```
Am  G   F G Am  G F G
La,    la, la, la, la,
Am  G   F G Am  G F G
La,    la, la, la, la.

| Am  G  F  G | Am7      ||
```

*Instrumental

```
||: Fm*  | Fm*  | G7*  | G7*   :||

||: Fm   | Fm   | G7   | G7    :||  Play 6 times

||: A5  G* | F6/9  G* | A5  G* | F6/9  G* :||
```

Verse 3

```
Am   G  F   G Am   G F G
Love  of two is  won,
Am  G   F   G     Am   G F G
Here  but now they're gone.
```

*Album version only

Chorus 4

<pre>
F   G   Am   F   E   Am
Came the last night of sadness, and it was clear that she couldn't go on.
G   F   G   Am
   And the door was open and the wind appeared,
G   F   G   Am
   The candles blew and then disappeared,
G   F   G   Am
   The curtains flew and then he appeared,
          G   F   G   Am
   (Saying, "Don't be afraid") come on baby.
          G   F   G   Am
   (And she had no fear)   and she ran to him,
          G   F   G   Am
   (Then they started to fly), they looked backward and said goodbye.
          G   F   G   Am
   (She had become like they are), she had taken his hand,
          G   F   G   Am
   (She had become like they are), come on, baby,
       G   F   G
   Don't fear the reaper.
</pre>

Coda ‖: Am G | F G | Am G | F G :‖ *Repeat to fade*

The Eton Rifles

Words & Music by
Paul Weller

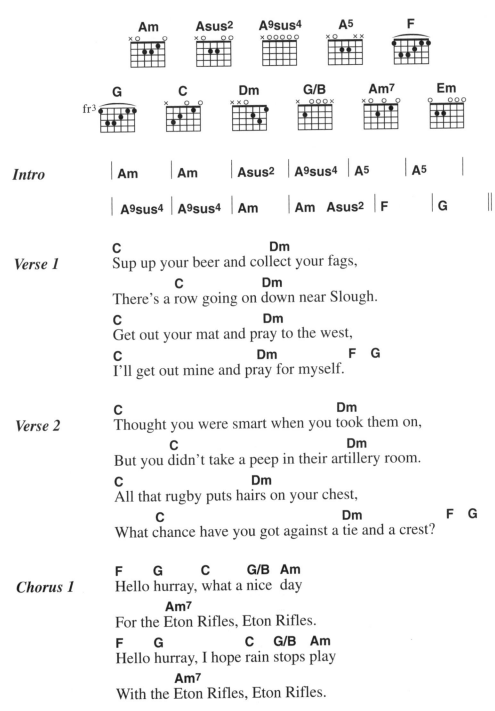

Intro

| Am | Am | Asus2 | A9sus4 | A5 | | A5 | |

| A9sus4 | A9sus4 | Am | | Am Asus2 | F | | G | |

Verse 1

   C   Dm
Sup up your beer and collect your fags,

           C   Dm
There's a row going on down near Slough.

   C   Dm
Get out your mat and pray to the west,

   C   Dm   F   G
I'll get out mine and pray for myself.

Verse 2

   C   Dm
Thought you were smart when you took them on,

          C   Dm
But you didn't take a peep in their artillery room.

   C   Dm
All that rugby puts hairs on your chest,

          C   Dm   F   G
What chance have you got against a tie and a crest?

Chorus 1

F   G   C   G/B Am
Hello hurray, what a nice day

           Am7
For the Eton Rifles, Eton Rifles.

F   G   C   G/B Am
Hello hurray, I hope rain stops play

           Am7
With the Eton Rifles, Eton Rifles.

Verse 3

    C   Dm
Thought you were clever when you lit the fuse,

      C   Dm
Tore down the House of Commons in your brand new shoes.

      C   Dm
Compose a revolutionary symphony,

       C   Dm   F   G
Then went to bed with a charming young thing.

Chorus 2

F   G   C   G/B Am
Hello hurray, what a nice day

          Am7
For the Eton Rifles, Eton Rifles.

F   G   C   G/B Am
Hello hurray, I hope rain stops play

          Am7
With the Eton Rifles, Eton Rifles.

Middle 1

Em   F
  What a catalyst you turned out to be,

Em   F   G
  Loaded your guns then you ran off home for your tea,

Left me standing like a guilty schoolboy.

Solo

‖: C | Dm | C | Dm :‖

| Am | Am | Am7 | Am7 ‖

Middle 2   As Middle 1

Verse 4

C   Dm
  We came out of it naturally the worst,

C   Dm
Beaten and bloody I was sick down my shirt.

C   Dm
We were no match for their un - tamed wit,

       C   Dm   F   G
Though some of the lads said they'd be back next week.

Chorus 3

F   G   C   G/B Am
Hello hurray, there's a price to   pay

        Am7
To the Eton Rifles, Eton Rifles.

F   G   C G/B Am
Hello hurray, I'd prefer the   plague

        Am7
To the Eton Rifles, Eton Rifles.

Chorus 4

F   G   C   G/B Am
Hello hurray, there's a price to   pay

        Am7
To the Eton rifles, Eton Rifles.

F   G   C G/B Am
Hello hurray, I'd prefer the   plague

        Am7
To the Eton rifles, Eton Rifles.

Eton rifles, Eton Rifles.

Outro

| A5 | A5 | Asus2 | Asus2 | |

| Am | Am | Asus2 | Asus2 | |

| A5 | Asus2 | Asus2 | Asus2 | Am7 | Am7 | |

                                  Asus2
Eton Rifles, Eton Rifles.

Ever Fallen In Love
(With Someone You Shouldn't've)

Words & Music by
Pete Shelley

C#m   B   E   D   A   G

fr4

Intro | C#m | C#m B | C#m | C#m B |

| E | E | E | E ||

Verse 1
      C#m   B
You spurn my natural emotions,
      C#m   B   E
You make me feel I'm dirt and I'm hurt.
      C#m   B
And if I start a commotion
    C#m   B   E
I run the risk of losing you and that's worse.

Chorus 1
      C#m   B
Ever fallen in love with someone,
         C#m   B
Ever fallen in love, in love with someone,
         D   A
Ever fallen in love, in love with someone
                         B E   B | B E B ||
You shouldn't've fallen in love with?

Verse 2
      C#m   B
I can't see much of a future
      C#m
Unless we find out what's to blame.
B   E
What a shame!
      C#m   B
And we won't be together much longer
      C#m   B   E
Unless we realise that we are the same.

Chorus 2   As Chorus 1

Verse 3

      C#m   B
You spurn my natural emotions,
      C#m   B   E
You make me feel I'm dirt and I'm hurt.
      C#m   B
And if I start a commotion
       C#m   B   E
I'll only end up losing you, and that's worse.

Chorus 3

       C#m   B
‖: Ever fallen in love with someone,
          C#m   B
Ever fallen in love, in love with someone,
          D   A
Ever fallen in love, in love with someone
                       B   E   B
You shouldn't've fallen in love with?

   | B   E B :‖

Link   ‖: E | E | E | E   :‖   *Play 3 times*

Chorus 4

       C#m   B
Ever fallen in love with someone,
          C#m   B
Ever fallen in love, in love with someone,
          D   A
Ever fallen in love, in love with someone
                       B   E   B
You shouldn't've fallen in love with?

Coda

B E B   A   D
     A-fallen in love with,
A D A   G   B
      Ever fallen in love with someone
                     E
You shouldn't've fallen in love with?

Free Bird

Words & Music by
Allen Collins & Ronnie Van Zant

| G | D/F# | Em | F |
| C | Dsus4 | D | Dsus2 | B♭ |

Intro

| G | D/F# | Em | Em |

| F | C | Dsus4 D | Dsus2 D |

‖: G | D/F# | Em | Em | F |

| C | Dsus4 D Dsus2 D | Dsus4 D Dsus2 D :‖   *Play 3 times*

Verse 1

```
G      D/ F#          Em
  If I leave here tomorrow
F           C                    Dsus4  D  Dsus2  D
  Would you still remember me?_____
```

| Dsus4 D Dsus2 D |

```
G           D/F#         Em
  For I must be travelling on now
F                            C                    Dsus4  D  Dsus2  D
  'Cos there's too many places I've got to see._____
```

| Dsus4 D Dsus2 D |

```
G           D/F#          Em
  And if I stay here with you girl,
F           C                    Dsus4  D  Dsus2  D
  Things just couldn't be the same._____
```

| Dsus4 D Dsus2 D |

```
G           D/F#          Em
  'Cos I'm as free as a bird now,
F           C                    Dsus4  D  Dsus2  D
  And this bird you cannot change, _____
```

```
Dsus4  D  Dsus2  D
Oh._____
```

Chorus 1

    F   C   D
Oh, and a bird you cannot change.

    F   C   D
And this bird you cannot change.

    F   C   D
The Lord knows I can't change.

Instrumental ‖: G | D/F♯ | Em | Em |

                  | F | C | Dsus4 D Dsus2 D | Dsus4 D Dsus2 D :‖

Verse 2

    G   D/F♯   Em
Bye bye baby, it's been sweet love, yeah, yeah,

    F   C   Dsus4 D Dsus2 D
Though this feeling I can't change._____

  | Dsus4 D Dsus2 D |

    G   D/F♯   Em
Please don't take this so badly,

    F   C   Dsus4 D Dsus2 D
'Cos the Lord knows I'm to blame._____

  | Dsus4 D Dsus2 D |

    G   D/F♯   Em
And if I stay here with you girl,

    F   C   Dsus4 D Dsus2 D
Things just couldn't be the same._____

  | Dsus4 D Dsus2 D |

    G   D/F♯   Em
'Cos I'm as free as a bird now

    F   C   Dsus4 D Dsus2 D
And this bird you cannot change,_____

Dsus4 D Dsus2 D
Oh._____

61

	F C D
Chorus 2	Oh, and a bird you cannot change.

F   C   D
  And this bird you cannot change.

F   C   D
  The Lord knows I can't change.

F   C   D
  Lord, help me, I can't change.

	G B♭ C
Middle	Lord, I can't change.

              G   B♭ C
Won't you fly____ freebird, yeah.

Gtr Solo   ‖: G | B♭ | C | C   :‖   *Repeat to fade*

Get It On

Words & Music by
Marc Bolan

E5 A5 G

Intro ‖: E5 | E5 | E5 | E5 :‖

Verse 1

             E5   A5
Well you're dirty and sweet, clad in black

                   E5
Don't look back and I love you,

  A5   E5
You're dirty and sweet, oh yeah.

Well you're slim and you're weak,

          A5   E5
You've got the teeth of the Hydra upon you,

  A5   E5
You're dirty sweet and you're my girl.

Chorus 1

  G   A5   E5
Get it on, bang a gong, get it on.

  G   A5   E5
Get it on, bang a gong, get it on.

Verse 2

            E5
Well you're built like a car

       A5   E5
You got a hubcap diamond star halo

   A5   E5
You're built like a car, oh yeah.

                               A5
Well you're an untamed youth, that's the truth,

          E5
With your cloak full of eagles,

  A5   E5
You're dirty sweet and you're my girl.

Chorus 2

```
        G           A5                      E5
Get it on, bang a gong, get it on.
        G           A5                      E5
Get it on, bang a gong, get it on.
```

Verse 3

```
                    E5
Well you're windy and wild
                    A5                              E5
You got the blues in your shoes and your stockings,
        A5                  E5
You're windy and wild, oh yeah.
```

```
Well you're built like a car
                    A5                  E5
You got a hubcap diamond star halo
        A5                      E5
You're dirty sweet and you're my girl.
```

Chorus 3

```
        G           A5                      E5
Get it on, bang a gong, get it on.
        G           A5                      E5
Get it on, bang a gong, get it on.
```

Link 1

‖: E5 | E5 | E5 | E5 :‖

Verse 4

```
                    E5                      A5
Well you're dirty and sweet, clad in black
                            E5
Don't look back and I love you,
        A5                  E5
You're dirty and sweet, oh yeah.
```

```
Well you dance when you walk
        A5                          E5
So let's dance, take a chance, understand me,
        A5                      E5
You're dirty sweet and you're my girl.
```

Chorus 4

```
        G           A5                      E5
Get it on, bang a gong, get it on.
        G           A5                      E5
Get it on, bang a gong, get it on.
        G           A5                      E5
Get it on, bang a gong, get it on.
```

Link 2 ‖: E5 | E5 | E5 | E5 :‖
With Sax solo

Chorus 5
G A5 E5
Get it on, bang a gong, get it on.
G A5 E5
Get it on, bang a gong, get it on.

Chorus 6
G A5 E5
Get it on, bang a gong, get it on.
G A5 E5
Get it on, bang a gong, right on!

Take me!

Guitar solo | G | A5 | E5 | E5 | E5 | E5 ‖

Coda
E5
Well meanwhile I'm still thinking…
Fade out

Heart Of Glass

Words & Music by
Deborah Harry & Chris Stein

E   C♯   C♯m   A   F♯   B

Intro | E | E | E | E ||

Verse 1
E   C♯
Once had love and it was a gas,
C♯m   E
Soon turned out it had a heart of glass.

                                 C♯
Seemed like the real thing oh at the time.
C♯m
Don't you mistrust love's gone be - (hind.)

Link 1 | E | E | E | E ||
-hind.

Verse 2
E   C♯
Once had love and it was divine,
C♯m   E
Soon found out I was losing my mind.

                                 C♯
Seemed like the real thing but I was so blind.
C♯m   E
Won't you mistrust love's gone behind.

Bridge 1
A
In between, when I find it pleasing
        E
And I'm feeling fine,

                              A
Love is so confusing, there's no   peace of mind.
                    F♯
If I fear I'm losing you it's just no good,
        B
You tease me like you do.

Link 2　　｜ E　　｜ E　　｜ E　　｜ E　　‖

Verse 3

E　　　　　　　　　　　C♯
Once had love and it was a gas,

C♯m　　　　　　　　　　　E
Soon turned out it had a heart of glass.

　　　　　　　　　　　　　C♯
Seemed like the real thing, only to find…

C♯m　　　　　　　　　　　　E
Won't you mistrust love's gone behind.

Bridge 2

A
Lost inside, adorable illusion

　　E
And I cannot hide,

I'm the one you're using,

　　　　　A
Please don't   push me aside,

　　　　　　　　　E
We could have made it cruising, yeah.

Instrumental　‖: A　　｜ A　　｜ E　　｜ E　　｜ A　　｜ A　　｜ E　　｜ E　:‖

　　　　　　｜ A　　｜ A　　｜ E　　｜ E　　｜ A　　｜ A　　｜

A　　F♯　　　　B
　Yeah, riding high on love's true blueish light.

(E)
　Ooh-ooh, oh-oh, ooh-ooh, oh-oh,

E
　Ooh-ooh, oh-oh, ooh-ooh, oh-oh.

Verse 4　　As Verse 1

Bridge 3　　As Bridge 1

Coda　　‖: A　　｜ A　　｜ E　　｜ E　　｜ A　　｜ A　　｜ F♯　｜ B　:‖

　　　　　　　　　　　　　　　　　　　Repeat to fade

67

How Deep Is Your Love

Words & Music by
Barry Gibb, Maurice Gibb & Robin Gibb

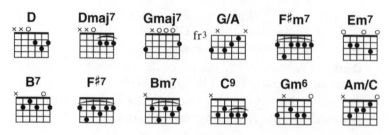

D   Dmaj7   Gmaj7   G/A   F#m7   Em7

B7   F#7   Bm7   C9   Gm6   Am/C

Capo first fret

Intro ‖: D │ Dmaj7 │ Gmaj7 │ G/A :‖

Verse 1

               D   F#m7   Em7
I know your eyes in the morning sun,
B7   Em7   F#7   G/A
I feel you touch me in the pouring rain,
               D   F#m7   Bm7
And the moment that you wander far from me
           Em7   G/A
I wanna feel you in my arms again.
           Gmaj7   F#m7
And you come to me on a summer breeze,
              Em7   C9
Keep me warm in your love, then you softly leave
       F#m7   G/A
And it's me you need to show: (How deep is your love)

Chorus 1

              D   Dmaj7
How deep is your love, how deep is your love,
Gmaj7   Gm6
I really mean to learn.
               D   Am/C
'Cause we're living in a world of fools
           B7   Em7
Breaking us down, when they all should let us be,
       Gm6
We belong to you and me.

Verse 2

     D   **F#m7**   **Em7**
     I believe in you,

B7   **Em7**   **F#7** **G/A**
You know the door to my very soul,

              D   **F#m7**   **Bm7**
You're the light in my deepest, darkest hour,

         Em7   **G/A**
You're my saviour when I fall.

        Gmaj7   **F#m7**
And you may not think that I care for you

        Em7   **C9**
When you know down inside that I really do,

        F#m7   **G/A**
And it's me you need to show.

Chorus 2   As Chorus 1

Instrumental | **D F#m7** | **Em7 B7** | **Em7 F#7** | **G/A** |

                | **D F#m7** | **Bm7** | **Em7** | **G/A** ‖

          Gmaj7   **F#m7**
Verse 3   And you come to me on a summer breeze,

        Em7   **C9**
Keep me warm in your love, then you softly leave

     F#m7   **G/A**
And it's me you need to show: (How deep is your love)

            D   **Dmaj7**
Chorus 3 ‖: How deep is your love, how deep is your love,

Gmaj7   **Gm6**
I really mean to learn.

              D   **Am/C**
'Cause we're living in a world of fools

          B7   **Em7**
Breaking us down, when they all should let us be,

        Gm6
We belong to you and me.

        | **D F#m7** | **G/A** | **G/A**   :‖   *Repeat to fade*

I Shot The Sheriff

Words & Music by
Bob Marley

Gm   Cm7   E♭maj7   Dm7

Chorus 1

  Gm   Cm7   Gm
I shot the sheriff but I did not shoot the deputy.

               Cm7   Gm
I shot the sheriff but I did not shoot the deputy.

Verse 1

E♭maj7 Dm7   Gm
All   around in my home town

E♭maj7   Dm7   Gm
They're trying to track me down:

     E♭maj7   Dm7   Gm
They say they want to bring me in guilty

       E♭maj7   Dm7 Gm
For the killing of a deputy,

       E♭maj7 Dm7 Gm
For the life of a depu-ty, but I say…

Chorus 2

  Gm   Cm7   Gm
I shot the sheriff but I swear it was in self-defence.

              Cm7   Gm
I shot the sheriff and they say it is a capital offence.

Verse 2

E♭maj7 Dm7   Gm
    Sheriff John Brown always hated me,

E♭maj7 Dm7 Gm
For what I don't know,

E♭maj7   Dm7   Gm
And every time that I plant a seed

       E♭maj7 Dm7 Gm
He said, "Kill it before it grows,"

       E♭maj7 Dm7 Gm
He said, "Kill it before it grows," I say…

Chorus 3

     Gm   **Cm7**   **Gm**
I shot the sheriff but I swear it was in self-defence.

                  Cm7   **Gm**
I shot the sheriff but I swear it was in self-defence.

Verse 3

E♭maj7   **Dm7**   **Gm**
Freedom came my way one day

E♭maj7   **Dm7**   **Gm**
   And I started out of town, yeah.

E♭maj7   **Dm7**   **Gm**
   All of a sudden I see Sheriff John Brown

E♭maj7 **Dm7**   **Gm**
      Aimin' to shoot me down

     E♭maj7 **Dm7**   **Gm**
So I shot,   I shot him down, and I say:

Chorus 4

     Gm   **Cm7**   **Gm**
I shot the sheriff but I did not shoot the deputy.

               Cm7   **Gm**
I shot the sheriff but I did not shoot the deputy.

Verse 4

E♭maj7 **Dm7**   **Gm**
   Reflexes got the better of me

E♭maj7   **Dm7**   **Gm**
   And what is to be must be.

E♭maj7   **Dm7** **Gm**
   Everyday the bucket goes to the well

E♭maj7   **Dm7**   **Gm**
   But one day the bottom will drop out,

E♭maj7   **Dm7**   **Gm**
   Yes, one day the bottom will drop out.

Chorus 5

     Gm   **Cm7**   **Gm**
I shot the sheriff but I did not shoot the deputy.

               Cm7   **Gm**
I shot the sheriff but I did not shoot the deputy.

Instrumental   ‖: **E♭maj7 Dm7** | **Gm** | **E♭maj7 Dm7** | **Gm** :‖ *Repeat to fade*

71

I'm Not In Love

Words & Music by
Eric Stewart & Graham Gouldman

B11   B   Cdim   Amaj7   Am6   G#m7

G#7   C#m   C#m7   E   Esus4/6   E7   Am7

C/G   D7/F#   G   D/F#   Em   Em7   E9sus4

Intro | B11 | B | B11 | B |

| B11 | B | B11 | B   Cdim ‖

Verse 1

    Amaj7   Am6
I'm not in love,   so don't forget it,

G#m7   G#7   C#m   C#m7
It's just a silly phase I'm going through.

Amaj7   Am6
And just because   I call you up,

G#m7   G#7   C#m   C#m7
Don't get me wrong, don't think you've got it made,

Amaj7   B   E   Esus4/6 E7 Esus4/6
I'm not in love, no, no, it's because; _____

Verse 2

    Amaj7   Am6
I like to see you,   but then again

G#m7   G#7   C#m   C#m7
That doesn't mean you mean that much to me.

Amaj7   Am6
So if I call you,   don't make a fuss,

G#m7   G#7   C#m   C#m7
Don't tell your friends about the two of us.

Amaj7   B   E   C#m
I'm not in love, no, no, it's because. _____

Link | **Sound effects**   ‖

Verse 3

Amaj⁷   Am⁶
  I keep your picture   upon the wall,

G♯m⁷   G♯7   C♯m   C♯m⁷
  It hides a nasty stain that's lying there.

Amaj⁷   Am⁶
  So don't ask me   to give it back,

G♯m⁷   G♯7   C♯m   C♯m⁷
  I know you know it doesn't mean that much to me.

Amaj⁷   B   E
  I'm not in love, no, no, it's because;

Bridge

Am⁷   C/G   D⁷/F♯   G   D/F♯   Em   Em⁷
Ooh, you'll wait a long time for me.

Am⁷   C/G   D⁷/F♯   E⁹sus⁴   E
Ooh, you'll wait a long time.

Am⁷   C/G   D⁷/F♯   G   D/F♯   Em   Em⁷
Ooh, you'll wait a long time for me.

Am⁷   C/G   D⁷/F♯   E⁹sus⁴   E
Ooh, you'll wait a long time.

Verse 4

Amaj⁷   Am⁶
  I'm not in love,   so don't forget it,

G♯m⁷   G♯7   C♯m   C♯m⁷
  It's just a silly phase I'm going through.

Amaj⁷   Am⁶
  And just because   I call you up,

G♯m⁷   G♯7   C♯m   C♯m⁷
  Don't get me wrong, don't think you've got it made,

Amaj⁷   Am⁶
  I'm not in love, I'm not in love...

‖: B¹¹ | B   :‖ *Repeat to fade*

In The Summertime

Words & Music by
Ray Dorset

E   A6   B6   A   B

Intro

| E | E | E | E | A6 | A6 |

| E | E | B6 | A6 | E | E ||

Verse 1

       E
In the summertime when the weather is high

You can stretch right up and touch the sky;
      A   E
When the weather's fine you got women, you got women on your mind.
      B   A   E
Have a drink, have a drive, go out and see what you can find.

Verse 2

       E
If her Daddy's rich take her out for a meal,

If her Daddy's poor just do what you feel,
      A   E
Scoot along the lane, do a ton or a ton and twenty-five.
      B   A   E
When the sun goes down you can make it make it good in a lay-by.

Verse 3

       E
We're no threat, people, we're not dirty, we're not mean.

We love everybody but we do as we please.
      A   E
When the weather's fine we go fishing or go swimming in the sea.
      B   A   E
We're always happy, life's for living, yeah, that's our philosophy.

Verse 4

                E
Sing along with us, di-di-di-di-di,

Da-da-da-da-da, yeah we're hap-happy
A   **E**
Da-da-da, dee-da-da, dee-da-da, da-da-da.
        B   **A**   **E**
Da-da-da-da-da, alright alright, da-da-da-da-da-da.

Alright!

Instrumental

| E | E | E | E | A6 | A6 | |
| E | E | B6 | A6 | E | E | ‖ |

Verse 5

                E
When the winter's here, yeah it's party time,

Bring a bottle, wear your wrap, 'cause it'll soon be summer time.
           A   **E**
And we'll sing again, we'll go driving or maybe we'll settle down.
         B
If she's rich, if she's nice,
            A   **E**
Bring your friends and we'll all go into town.

Instrumental

| E | E | E | E | A6 | A6 | |
| E | E | B6 | A6 | E | E | ‖ |

Verse 6   As Verse 1

Verse 7   As Verse 2

Verse 8   As Verse 3

Coda

                E
Sing along with us, di-di-di-di-di,

Da-da-da-da-da, yeah we're hap-happy.
A   **E**
Da-da-da, dee-da-da, dee-da-da, da da da.
                                   Fade out

I Will Survive

Words & Music by
Dino Fekaris & Freddie Perren

Am7   Dm7   G   Cmaj7   Fmaj7   Bm7♭5   E7sus4   E7

Verse 1

   Am7   Dm7
First I was afraid, I was petrified,
             G   Cmaj7
Kept thinking I could never live without you by my side.
         Fmaj7
But then I spent so many night
         Bm7♭5
Thinking how you did me wrong
             E7sus4   E7
And I grew strong, and I learned how to get along.

Verse 2

            Am7   Dm7
And so you're back from outer space,
           G   Cmaj7
I just walked in to find you here with that sad look upon your face.
         Fmaj7
I should have changed that stupid lock,
         Bm7♭5
I should have made you leave your key
           E7sus4   E7
If I had known for just one second you'd be back to bother me.

Verse 3

          Am7   Dm7
Go on now, go! Walk out the door,
          G   Cmaj7
Just turn around now 'cause you're not welcome anymore.
Fmaj7   Bm7♭5
   Weren't you the one who tried to hurt me with goodbye?
         E7sus4
Do you think I'd crumble?
         E7
Do you think I'd lay down and die?

Chorus 1

       Am⁷   Dm⁷
Oh no, not I, I will survive.
       G   Cmaj⁷
Oh, as long as I know how to love I know I'll stay alive.
       Fmaj⁷   Bm⁷♭5
I've got all my life to live, I've got all my love to give,
       E⁷sus⁴   E⁷
And I'll survive, I will survive, (hey!)

Instrumental

| Am⁷ | Dm⁷ | G | Cmaj⁷ |
hey!

| Fmaj⁷ | Bm⁷♭5 | E⁷sus⁴ | E⁷ | ||

Verse 4

       Am⁷   Dm⁷
It took all the strength I had not to fall apart,
       G   Cmaj⁷
Kept trying hard to mend the pieces of my broken heart;
       Fmaj⁷
And I spent oh so many nights
       Bm⁷♭5
Just feeling sorry for myself.
       E⁷sus⁴   E⁷
I used to cry, but now I hold my head up high.

Verse 5

       Am⁷   Dm⁷
And you see me, somebody new,
       G   Cmaj⁷
I'm not that chained-up little person still in love with you.
       Fmaj⁷
And so you felt like dropping in
       Bm⁷♭5
And just expect me to be free?
       E⁷sus⁴   E⁷
Now I'm saving all my loving for someone who's loving me.

Verse 6

       Am⁷   Dm⁷
Go on now, go! Walk out the door,
       G   Cmaj⁷
Just turn around now 'cause you're not welcome anymore.
Fmaj⁷   Bm⁷♭5
Weren't you the one who tried to break me with goodbye?
       E⁷sus⁴
Do you think I'd crumble?
       E⁷
Do you think I'd lay down and die?

Chorus 2

            Am7   **Dm7**
Oh no, not I, I will survive.

       G   **Cmaj7**
Oh, as long as I know how to love I know I'll stay alive.

          Fmaj7   **Bm7♭5**
I've got all my life to live, I've got all my love to give,

          E7sus4   **E7**
And I'll survive, I will survive.

Verse 7

            Am7   **Dm7**
Go on now, go! Walk out the door,

        G   **Cmaj7**
Just turn around now 'cause you're not welcome anymore.

Fmaj7   **Bm7♭5**
   Weren't you the one who tried to break me with goodbye?

              E7sus4
Do you think I'd crumble?

              E7
Do you think I'd lay down and die?

Chorus 3

            Am7   **Dm7**
Oh no, not I, I will survive.

       G   **Cmaj7**
Oh, as long as I know how to love I know I'll stay alive.

          Fmaj7   **Bm7♭5**
I've got all my life to live, I've got all my love to give,

          E7sus4   **E7**
And I'll survive, I will survive, I will sur - (vive.)

Coda

| Am7 | Dm7 | G | Cmaj7 | |

- vive.

| Fmaj7 | Bm7♭5 | E7sus4 | E7 | |

‖: Am7 | Dm7 | G | Cmaj7 | |

| Fmaj7 | Bm7♭5 | E7sus4 | E7 | :‖ *Repeat to fade*

Instant Karma

Words & Music by
John Lennon

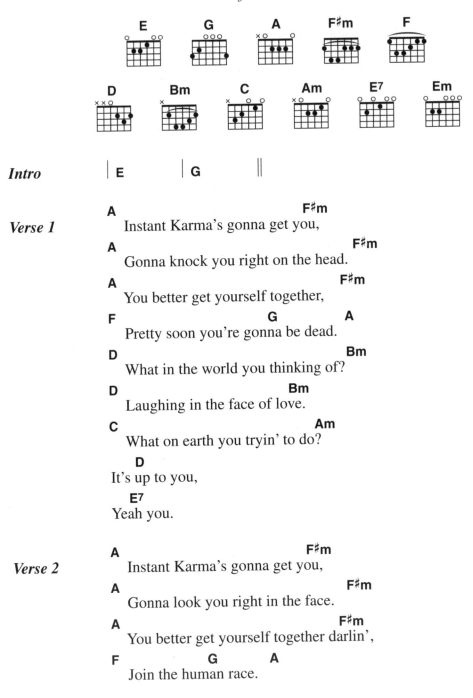

Intro | E | G |‖

Verse 1

A   F#m
Instant Karma's gonna get you,

A   F#m
Gonna knock you right on the head.

A   F#m
You better get yourself together,

F   G   A
Pretty soon you're gonna be dead.

D   Bm
What in the world you thinking of?

D   Bm
Laughing in the face of love.

C   Am
What on earth you tryin' to do?

   D
It's up to you,

   E7
Yeah you.

Verse 2

A   F#m
Instant Karma's gonna get you,

A   F#m
Gonna look you right in the face.

A   F#m
You better get yourself together darlin',

F   G   A
Join the human race.

cont.

```
    D                               Bm
       How in the world you gonna see?
    D                           Bm
       Laughing at fools like me.
    C                               Am
       Who on earth d'you think you are,
          D
    A superstar?
             E7
    Well alright, you are.
```

Chorus 1

```
              G   Bm   Em
    Well we all shine on,
              G           Bm          Em
    Like the moon and the stars and the sun.
              G   Bm   Em
    Well we all shine on,
    D           E7
    Ev'ry one, come on.
```

Verse 3

```
    A                               F♯m
       Instant Karma's gonna get you,
    A                                   F♯m
       Gonna knock you off your feet.
    A                       F♯m
       Better recognise your brothers,
    F               G       A
       Ev'ry one you meet.
    D                               Bm
       Why in the world are we here,
    D                               Bm
       Surely not to live in pain and fear?
    C                       Am
       Why on earth are you there,
                   D
    When you're everywhere?
             E7
    Come and get your share.
```

Chorus 2

         G Bm Em
Well we all shine on,

        G   **Bm**   **Em**
Like the moon and the stars and the sun.

        G Bm Em
Well we all shine on,

D   **E⁷**
Come on and on and on, on.

Middle

 A   **F♯m**
  Yeah yeah,

 A   **F♯m**
Alright.

  A   **F♯m**
Ah ha,

  F   **G**   **A**
Ah!

Chorus 3

        G Bm Em
‖: Well we all shine on,

       G   **Bm**   **Em**
Like the moon and the stars and the sun.

       G Bm Em
Well we all shine on,

D   **E⁷**
On and on and on, on and on. :‖ *Repeat to fade*

Jolene

Words & Music by
Dolly Parton

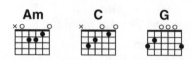

Capo fourth fret

Intro | Am | Am | Am | Am ||

Chorus 1
```
       Am     C      G      Am
Jolene, Jolene, Jolene, Jolene
       G                               Am
I'm begging of you please don't take my man.
          C       G      Am
Jolene, Jolene, Jolene, Jolene
G                                      Am
Please don't take him just because you can.
```

Verse 1
```
         Am           C
Your beauty is beyond compare,
         G              Am
With flaming locks of auburn hair,
         G                       Am
With iv'ry skin and eyes of em'rald green.
                      C
Your smile is like a breath of spring,
         G              Am
Your voice is soft like summer rain,
         G                        Am
And I cannot compete with you, Jolene.
```

Verse 2
```
         Am            C
He talks about you in his sleep
              G          Am
And there's nothing I can do to keep
         G                         Am
From crying when he calls your name, Jolene.
```

cont.

                     C
And I can eas'ly understand

      G   **Am**
How you could eas'ly take my man

      G   **Am**
But you don't know what he means to me, Jolene.

Chorus 2

    Am   **C**   **G**   **Am**
Jolene, Jolene, Jolene, Jolene

      G   **Am**
I'm begging of you please don't take my man.

           C   **G**   **Am**
Jolene, Jolene, Jolene, Jolene

G   **Am**
Please don't take him just because you can.

Verse 3

Am   **C**
You could have your choice of men,

      G   **Am**
But I could never love again,

G   **Am**
He's the only one for me, Jolene.

              C
I had to have this talk with you,

      G   **Am**
My happiness depends on you

        G   **Am**
And whatever you decide to do, Jolene.

Chorus 3

    Am   **C**   **G**   **Am**
Jolene, Jolene, Jolene, Jolene

      G   **Am**
I'm begging of you please don't take my man.

           C   **G**   **Am**
Jolene, Jolene, Jolene, Jolene

G   **Am**
Please don't take him even though you can.

Jolene, Jolene.

𝄆 **Am** | **Am** | **Am** | **Am**   𝄇 *Repeat to fade*

Killing Me Softly With His Song

Words by Norman Gimbel
Music by Charles Fox

Em   Am   D   G   A   C   F   E   B7

Chorus 1

(Em)   (Am)
Strumming my pain with his fin - gers,

(D)   (G)
Singing my life with his words,

(Em)   (A)
Killing me softly with his song,

        (D)   (C)
Killing me soft - ly with his song,

      (G)   (C)
Telling my whole life with his words,

     (F)   (E)
Killing me softly with his song.

Link   Drum rhythm for 8 bars

Verse 1

(Am)   (D)
I heard he sang a good song,

(G)   (C)
I heard he had a smile,

(Am)   (D)
And so I came to see him

     (Em)
And listen for a while.

(Am)   (D)
And there he was, this young boy,

(G)   (B7)
A stranger to my eyes.

Chorus 2

Em   Am
Strumming my pain with his fin - gers,

D   G
Singing my life with his words,

Em   A
Killing me softly with his song,

                 D   C
Killing me soft - ly with his song,

                 G   C
Telling my whole life with his words,

              F   E
Killing me softly with his song.

Verse 2

(Am)   (D)   (G)
  I felt all flushed with fever,

                 (C)
Embarrassed by the crowd,

(Am)   (D)
  I felt he found my letters

         (Em)
And read each one out loud.

(Am)   (D)
  I prayed that he would finish,

(G)   (B7)
  But he just kept right on…

Chorus 3   As Chorus 2

Middle

Em   Am   D   G
Oh, _____ oh, _____

Em   A
La la la la la la,

D   C   G   C F E
Woh la, woh la, _____ la.

Chorus 4 |: As Chorus 2 :| *Repeat to fade with ad lib. vocal*

Knockin' On Heaven's Door

Words & Music by
Bob Dylan

G	D	Am	C

Intro ‖: G D | Am | G D | C :‖

Verse 1

G   D   Am
Mama, take this badge off of me,

G   D   C
I can't use it anymore.

G   D   Am
It's gettin' dark, too dark to see,

G   D   C
I feel like I'm knockin' on heaven's door.

Chorus 1

G   D   Am
Knock, knock, knockin' on heaven's door,

G   D   C
Knock, knock, knockin' on heaven's door,

G   D   Am
Knock, knock, knockin' on heaven's door,

G   D   C
Knock, knock, knockin' on heaven's door.

	G	**D**	**Am**
Verse 2	Mama, put my guns in the ground,		
	G	**D**	**C**
	I can't shoot them anymore.		
	G	**D**	**Am**
	That long black cloud is comin' down,		
	G	**D**	**C**
	I feel like I'm knockin' on heaven's door.		

G   **D**   **Am**

Chorus 2   Knock, knock, knockin' on heaven's door,

G   **D**   **C**

Knock, knock, knockin' on heaven's door,

G   **D**   **Am**

Knock, knock, knockin' on heaven's door,

G   **D**   **C**

Knock, knock, knockin' on heaven's door.

Coda | **G**   **D** | **Am** | **G**   **D** | **C**   ‖

Fade out

Kung Fu Fighting

Words & Music by
Carl Douglas

D6	Em/D	D	Em7	A	Bm

Intro

‖: Oh-oh-oh-oh, oh-oh-oh-oh. :‖
(D6   Em/D)

Chorus 1

N.C.
Everybody was Kung Fu fighting, **(D)**

Those cats were fast as lightning, **(Em7)**

In fact it was a little bit frightening, **(D)**

But they fought with expert timing. **(Em7)**

Verse 1

There were funky Chinamen from funky Chinatown, **(D ... Em7)**

They were chopping them up, they were chopping them down. **(D ... Em7)**

It's an ancient Chinese art, and everybody knew their part. **(D ... Em7)**

From a feinting to a slip, and a kicking from the hip. **(D ... A)**

Chorus 2

As Chorus 1

Verse 2

There was funky Billy Jim and little Sammy Chong, **(D ... Em7)**

He said, "Here comes the big boss, let's get it on." **(D ... Em7)**

We took the bow and made a stand, started swaying with the hand. **(D ... Em7)**

A sudden motion made me skip, now we're into a brand new trip. **(D ... A)**

Chorus 3   As Chorus 1

Bridge
                        Bm   **Em7**
                Oh-oh-oh-oh, oh-oh-oh-oh.
                        Bm
                Oh-oh-oh-oh, oh-oh-oh-(oh.)
                Em7   **A**
          {   Keep on, keep on, keep on, keep on, sure   nuff.
          { oh.

Chorus 4
                                    D
                Everybody was Kung Fu fighting,
                            Em7
                Those cats were fast as lightning,
                            D
                In fact it was a little bit frightening,
                                Em7
                Make sure you have expert timing.

Coda
                D
                Kung Fu fighting,
                        Em7
                Had to be   fast as lightning.
                                D
                ‖: Oh-oh-oh-oh,
                            Em7
                Oh-oh-oh-oh.   :‖   *Repeat to fade*

The Jean Genie

Words & Music by
David Bowie

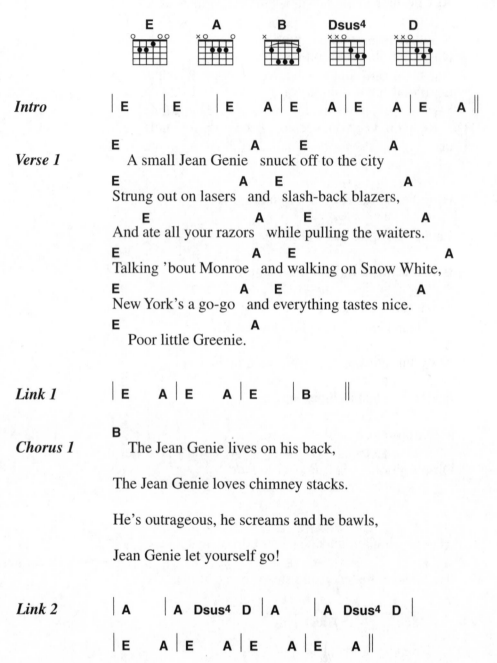

Intro

| E | E | E A | E | A | E | A | E | A ‖

Verse 1

   E   A   E   A
A small Jean Genie   snuck off to the city

   E   A   E   A
Strung out on lasers and slash-back blazers,

               E   A   E   A
And ate all your razors while pulling the waiters.

   E   A   E   A
Talking 'bout Monroe and walking on Snow White,

   E   A   E   A
New York's a go-go and everything tastes nice.

   E   A
   Poor little Greenie.

Link 1

| E A | E A | E | B | ‖

Chorus 1

B
   The Jean Genie lives on his back,

The Jean Genie loves chimney stacks.

He's outrageous, he screams and he bawls,

Jean Genie let yourself go!

Link 2

| A | A Dsus⁴ D | A | A Dsus⁴ D |

| E A | E A | E A | E A ‖

Verse 2

```
E              A      E              A
Sits like a man but he smiles like a reptile,
      E                  A   E           A
She love him, she love him  but  just for a short while
        E                 A   E
She'll  scratch in the sand, won't let go his hand;
A  E                 A  E            A
He says he's a beautician and sells you nutrition,
       E                  A   E                    A
And keeps all your dead hair  for  making up underwear.
E               A
   Poor little Greenie.
```

Link 3

| E   A | E   A | E   ‖

Chorus 2

B
   The Jean Genie lives on his back,

The Jean Genie loves chimney stacks.

He's outrageous, he screams and he bawls,

Jean Genie let yourself go!

Link 4

| A | A Dsus4 D | A | A Dsus4 D |

| E   A | E   A | E   A | E   A ‖

Bridge

```
      E            A   E                A
He's so simple minded he can't drive his module,
      E             A  E            A   E
He bites on the neon and sleeps in a capsule.
A  E              A  E
   Loves to be loved,
A  E
   Loves to be loved.
```

Guitar solo

‖: E   A | E   A | E   A | E   A :‖ *Play 3 times*

| E | E   ‖

Chorus 3   **B**
The Jean Genie lives on his back,

The Jean Genie loves chimney stacks.

He's outrageous, he screams and he bawls,

Jean Genie let yourself go!

Link 5 | A | A Dsus⁴ D | A | A Dsus⁴ D ‖
                   (go!)   (go!)

Chorus 4   **B**
The Jean Genie lives on his back,

The Jean Genie loves chimney stacks.

He's outrageous, he screams and he bawls,

Jean Genie let yourself go!

Link 6 | A | A Dsus⁴ D | A | A Dsus⁴ D |
                   (go!)   (go!)

| E   A | E   A | E   A | E   A ‖

Coda   ‖: E   A | E   A | E   A | E   A :‖

| E | E | E | E |

| E | E | E   ‖

Layla

Words & Music by
Eric Clapton & Jim Gordon

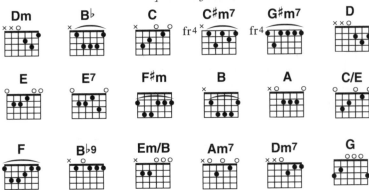

Tune guitar slightly sharp

Intro

| N.C. | N.C. | N.C. | N.C. |

Guitar riff

| Dm B♭ | C Dm | Dm B♭ | C Dm |

| Dm B♭ | C Dm | Dm B♭ | C |

Verse 1

C#m⁷   G#m⁷
What'll you do when you get lonely

C#m⁷   C   D   E   E⁷
And nobody's waiting by your side?

F#m   B   E   A
You been runnin' and hidin' much too long,

F#m   B   E
You know it's just your foolish pride.

Chorus 1

A   Dm   B♭
Layla, —

C   Dm
Got me on my knees,

     B♭
Layla,

   C   Dm
I'm beggin' darlin' please,

     B♭
Layla,

C   Dm   B♭ C
Darlin' won't you ease my worried mind?

Verse 2

C#m7   G#m7
  Tried to give you consolation

C#m7   C   D   E   E7
  When your old man let you down.

F#m   B   E   A
  Like a fool, I fell in love with you,

F#m   B   E
  You turned my whole world upside down.

Chorus 2

A   Dm B♭
Layla, —

C   Dm
Got me on my knees,

      B♭
Layla,

     C   Dm
I'm beggin' darlin' please,

      B♭
Layla,

C   Dm   B♭ C
Darlin' won't you ease my worried mind?

Verse 3

C#m7   G#m7
  Make the best of the situation

C#m7   C   D   E   E7
  Before I finally go insane.

F#m   B   E   A
  Please don't say we'll never find a way,

F#m   B   E
  Don't tell me all my love's in vain.

Chorus 3

    A   Dm B♭
‖: Layla, —

C   Dm
Got me on my knees,

      B♭
Layla,

     C   Dm
I'm beggin' darlin' please,

      B♭
Layla,

C   Dm   B♭ C
Darlin' won't you ease my worried mind?   :‖

Guitar solo

Repeat x5

‖: Dm | B♭ | C | Dm | Dm | B♭ | C | Dm :‖

| Dm | B♭ | C | Dm | Dm | B♭ | C | C ‖

Piano solo

‖: C | C/E | F | F |

| C | C/E | F | F | B♭9 | B♭9 | C | C |

| C | C/E | F | F | B♭9 | B♭9 | C | C |

| C | C/E | F | F | B♭9 | B♭9 | C | C | Em/B ‖

| Am7 | Dm7 | G | C | Am | Dm | G | G :‖ *Repeat x3*

Coda

| C | C/E | F | F |

| C | C/E | F | F | B♭9 | B♭9 | C | C |

‖: C | C/E | F | F :‖ *Repeat x4*

| C | C/E | F | F | B♭9 | B♭9 | C | C ‖

Lady D'Arbanville

Words & Music by
Cat Stevens

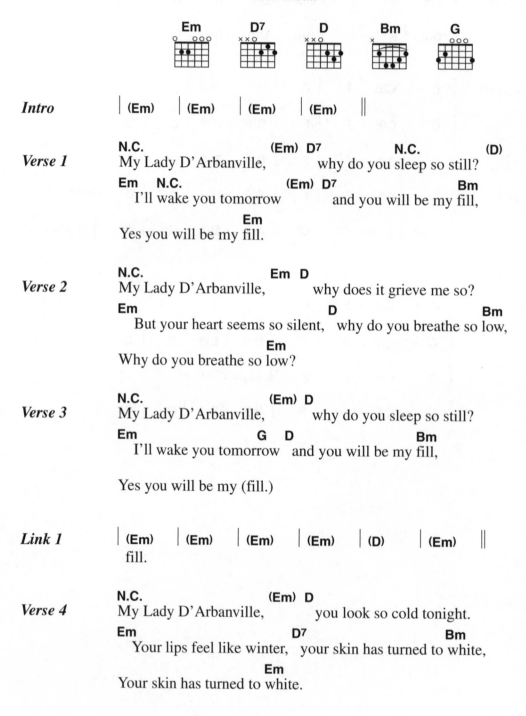

Intro

| (Em) | (Em) | (Em) | (Em) ||

Verse 1

N.C.   (Em) D7   N.C.   (D)
My Lady D'Arbanville, why do you sleep so still?
Em N.C.   (Em) D7   Bm
 I'll wake you tomorrow and you will be my fill,
       Em
Yes you will be my fill.

Verse 2

N.C.   Em D
My Lady D'Arbanville, why does it grieve me so?
Em   D   Bm
 But your heart seems so silent, why do you breathe so low,
       Em
Why do you breathe so low?

Verse 3

N.C.   (Em) D
My Lady D'Arbanville, why do you sleep so still?
Em   G D   Bm
 I'll wake you tomorrow and you will be my fill,

Yes you will be my (fill.)

Link 1

| (Em) | (Em) | (Em) | (Em) | (D) | (Em) ||
fill.

Verse 4

N.C.   (Em) D
My Lady D'Arbanville, you look so cold tonight.
Em   D7   Bm
 Your lips feel like winter, your skin has turned to white,
       Em
Your skin has turned to white.

Verse 5	As Verse 3

Verse 6

```
   Em                  D
    La la la la la la,  la la la la la la,
   Em               G   D            Bm
    La la la la la la-ah,  la la la la la la,

   La la la la la (la.)
```

Link 2

```
 | (Em)   | (Em)    |
     la.
```

Verse 7

```
   N.C.                    Em  D
   My Lady D'Arbanville,      why do you greet me so?
   Em                            D                Bm
    But your heart seems so silent,  why do you breathe so low,
                           Em
   Why do you breathe so low?
```

Verse 8

```
   N.C.               Em  D
   I loved you, my lady,      'though in your grave you lie,
   Em              G   D              Bm
    I'll always be with you,  this rose will never die,
                         Em
   This rose will never die.
```

Verse 9

```
   N.C.               Em  D
   I loved you, my lady,      'though in your grave you lie,
   Em              G   D              Bm
    I'll always be with you,  this rose will never die,

   This rose will never (die.)
```

Coda

```
 | (Em)   | (Em)   | (Em)   | (Em)   | Em      ‖
     die.
```

Let Your Love Flow

Words & Music by
Larry Williams

D   G/D   A   A⁷sus⁴   D⁷   G

Capo first fret

Intro | D | D G/D | D | D G/D ‖

Verse 1
           D
There's a reason for the sunshine sky,

And there's a reason why I'm feeling so high,
           A
Must be the season
                     D
When that love light shines all around us.
A⁷sus⁴   **D**
  So let that feeling grab you deep inside

And send you reeling where your love can't hide,
           A
And then go stealing
                     D
Through the moonlit nights with your lover.

Chorus 1
D⁷   **G**
  Just let your love flow like a mountain stream
           D
And let your love grow with the smallest of dreams,
           A
And let your love show and you'll know what I mean,
        D
It's the season.

D7   G
  Let your love fly like a bird on the wing

     D
And let your love bind you to all living things,

     A
And let your love shine and you'll know what I mean,

    D   G/D | D G/D ‖
That's the reason.

Verse 2

      D
There's a reason for the warm sweet nights,

There's a reason for the candle lights,

     A
Must be the season

        DD
When that love light shines all around us.

A7sus4 D
 So let the wonder take you into space,

And lay you under its loving embrace,

     A
Just feel the thunder,

        D
As it warms your face, you can't hold back.

Chorus 2 ‖: As Chorus 1 :‖ *Repeat to fade*

Live And Let Die

Words & Music by
Paul & Linda McCartney

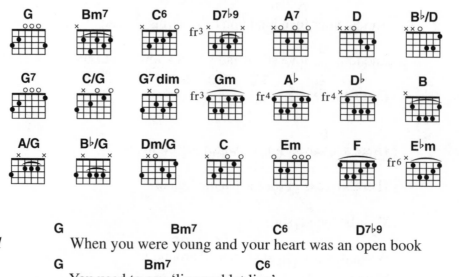

Verse 1

        G   Bm7   C6   D7♭9
When you were young and your heart was an open book

   G   Bm7   C6
You used to say 'live and let live'

            D7♭9   G
(You know you did, you know you did, you know you did.)

          Bm7   C6   A7
But if this ever-changing world in which we live in

             D   B♭/D
Makes you give in and cry,

      N.C.
Say 'live and let die.'

Chorus 1

      G7 C/G   G7dim G7
    (Live and let die).

            G7 C/G
Live and let die.

            G7dim
(Live and let die).

Instrumental

‖: Gm | Gm | Gm | Gm :‖ A♭ | D♭ | D | B |

| Gm | Gm | Gm | Gm | B♭/G | Gm A/G | Gm C/G |

| C/G | A/G B♭/G | C/G Dm/G | Dm/G ‖

Bridge

    C
What does it matter to you?

    G
When you got a job to do

        D
You got to do it well.

        Em   **F**
You got to give the other fella hell!

Link   ‖: **Gm** | **Gm** | **Gm** | **Gm** :‖

    | **G** | **Bm⁷** | **C⁶** | **D⁷♭⁹** ‖

Verse 2

G   **Bm⁷**   **C⁶**
You used to say 'live and let live'

         D⁷♭⁹   **G**
(You know you did, you know you did, you know you did.)

         Bm⁷   **C⁶**   **A⁷**
But if this ever-changing world in which we live in

         D   **B♭/D**
Makes you give in and cry,

        N.C.
Say 'live and let die.'

Chorus 2

G⁷ **C/G**   **Gdim** **G⁷**
    (Live and let die).

        G⁷   **C/G**
Live and let die.

        Gdim
(Live and let die).

Link   ‖: **Gm** | **Gm** | **Gm** | **Gm** :‖ **E♭m**   ‖
                              Play 4 times

London Calling

Words & Music by
Joe Strummer, Mick Jones, Paul Simonon & Topper Headon

Em   Fmaj7   G6   G   D/F#   D

Intro   ‖: Em | Fmaj7 | Em | Fmaj7 :‖ *Play 3 times*

Verse 1

Em   Fmaj7
London calling to the far-away towns

    G6   G
Now war is declared and battle come down.

Em   Fmaj7
London calling to the underworld,

    G6   G
Come out of the cupboard you boys and girls.

Em   Fmaj7
London calling, now don't look to us,

G6   G
Phoney Beatlemania has bitten the dust.

Em   Fmaj7
London calling, see we ain't got no swing

  G6   G
Except for the ring of that truncheon thing.

Chorus 1

    Em   D/F# G   D
The ice age is coming,   the sun's zooming in,

Em   D/F# G   D
Melt-down expected,   the wheat is growing thin;

Em   D/F# G   D
Engines stop running,   but I have no fear

    Em   D
'Cause London is drowning and I live by the river.

Verse 2

Em   Fmaj7
London calling to the imitation zone,
G6   G
  Forget it, brother, you can go it alone.
Em   Fmaj7
London calling to the zombies of death,
G6   G
Quit holding out and draw another breath.
Em   Fmaj7
London calling and I don't wanna shout
  G6   G
But while we were talking I saw you nodding out.
Em   Fmaj7
London calling, see we ain't got no highs
  G6   G
Except for that one with the yellowy eyes.

Chorus 2

      Em   D/F# G   D
The ice age is coming,   the sun's zooming in,
Em   D/F# G   D
Engines stop running,   the wheat is growing thin;
  Em   D/F#   G   D
A nuclear error,   but I have no fear
          Em   D
'Cause London is drowning and I, I live by the river.

Guitar solo   ‖: Em | Fmaj7 | G6 | G   :‖ *Play 4 times*

Chorus 3   As Chorus 2

Link | Em | Fmaj7 | Em | Fmaj7 | Em | Fmaj7 | Em   ‖

Verse 3

      Fmaj7   Em   Fmaj7
Now get this, London calling, yes I was there, too,
        Em   Fmaj7
And you know what they said? Well, some of it was true!
Em   Fmaj7
London calling at the top of the dial,
     Em   Fmaj7
And after all this, won't you give me a smile?
Em   Fmaj7 | Em | Fmaj7 |
London calling.
   Em
I never felt so much alike.

Love Her Madly

Words & Music by
Jim Morrison, Robbie Krieger, Ray Manzarek & John Densmore

Intro ‖: Am | Am | Am | Am :‖

Verse 1
        Am
Don't you love her madly?

Don't you need her badly?
      D
Don't you love her ways?
Am
Tell me what you say.

Verse 2
      Am   **C**
Don't you love her madly?
    F   **D**
Wanna be her daddy?
      Am
Don't you love her face?
              E   **Am**
Don't you love her as she's walking out the door
          E   **Am**
Like she did one thousand times before?

Verse 3
      D7
Don't you love her ways?
    Am
Tell me what you say.

Don't you love her
    E   **Am**   **E Am**
As she's walking out the door?

104

Bridge 1

     D⁹

All your love, all your love, all your love, all your love,

      G

All your love is gone

      C

So sing a lonely song

   A

Of a deep blue dream,

     D   **F D G E Am**

Seven horses seem to be on the mark.

Instrumental ‖: **Am** | **Am** | **Am** | **Am**   :‖

Verse 4

Am C   **F**   **D**

Yeah, don't you love her?

     Am

Don't you love her

     E   **Am** **E Am**

As she's walking out the door?

Bridge 2

     D⁹

All your love, all your love, all your love,

      G

Yeah, all your love is gone.

      C

So sing a lonely song

   A

Of a deep blue dream,

     D   **F D G E**

Seven horses seem to be on the (mark.)

Link | **Am** | **Am** | **Am** | **Am**   ‖

(mark.)

Solo | **Am** | **Am** | **Am** | **Am** | **Dm** | **Dm** | **Am** | **Am** |

      | **Am** | **C** | **F** | **D** | **Am** | **Am** | **Am** | **Am** ‖

Coda

         Am

Well, don't you love her madly?

Don't you love her madly?

Don't you love her madly? *Fade out*

Lola

Words & Music by
Ray Davies

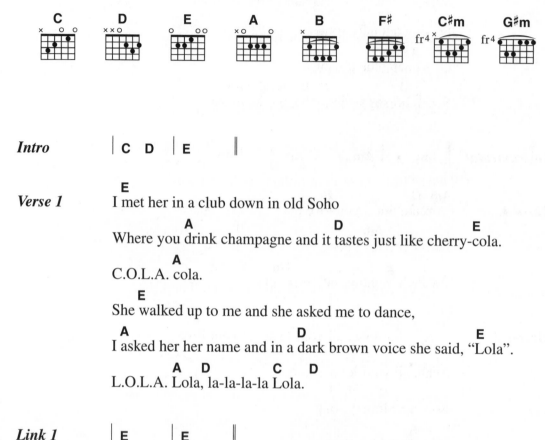

Intro
| C   D | E ‖

Verse 1

    E
I met her in a club down in old Soho

      A   **D**   **E**
Where you drink champagne and it tastes just like cherry-cola.

      A
C.O.L.A. cola.

    E
She walked up to me and she asked me to dance,

    A   **D**   **E**
I asked her her name and in a dark brown voice she said, "Lola".

    A D   **C   D**
L.O.L.A. Lola, la-la-la-la Lola.

Link 1
| E | E ‖

Verse 2	**E** Well I'm not the world's most physical guy **A** **D** But when she squeezed me tight she nearly broke my spine **E** **A** Oh my Lola, la-la-la-la Lola. **E** Well I'm not dumb but I can't understand **A** **D** Why she walked like a woman and talked like a man, **E** **A D** **C D** Oh my Lola, la-la-la-la Lola, la-la-la-la Lola.

Link 2   *As Link 1*

Bridge 1
         B
Well, we drank champagne and danced all night
F#
Under electric candlelight.

   A
She picked me up and sat me on her knee

And said, "Dear boy, won't you come home with me?"

Verse 3
        E
Well, I'm not the world's most passionate guy
     A   **D**   **E**
But when I looked in her eyes, well, I almost fell for my Lola.
     A   D   **C   D**
La-la-la-la Lola, la-la-la-la Lola.

Chorus 1
     E   **A   D**   **C   D**
Lola, la-la-la-la Lola, la-la-la-la Lola.

Link 3   *As Link 1*

Bridge 2

      A   **C♯m B**   **A**   **C♯m B**
I pushed her away, I walked to the door,

     A **C♯m B**   **E**   **G♯m C♯m**
I fell to the floor, I got down on my knees,

      B
Then I looked at her and she at me.

Verse 3

      E
Well that's the way that I want it to stay

     A   **D**   **E**
And I always want it to be that way for my Lola,

        A
La-la-la-la Lola.

E
Girls will be boys and boys will be girls,

     A   **D**   **E**
It's a mixed up muddled up shook up world except for Lola,

        A
La-la-la-la Lola.

Bridge 3

      B
Well I left home just a week before

      F♯
And I'd never ever kissed a woman before,

     A
But Lola smiled and took me by the hand

And said, "Little boy, I'm gonna make you a man."

Verse 4

      E
Well I'm not the world's most masculine man

     A   **D**
But I know what I am and I'm glad I'm a man,

        E   **A D**   **C** **D**
And so is Lola, la-la-la-la Lola, la-la-la-la Lola.

Chorus 2

   E   **A**   **C** **D**
Lola, la-la-la-la Lola, la-la-la-la Lola.   *Repeat to fade*

Maggie May

Words & Music by
Rod Stewart & Martin Quittenton

D   Em⁷   G   A   Em   F♯m   Asus⁴

Intro

| D | Em⁷ | G | D G |

| D | Em⁷ | G | D G ‖

Verse 1

```
          A                      G                      D
Wake up Maggie, I think I got something to say to you,
          A                    G                  D
It's late September and I really should be back at school.
 G               D
I know I keep you amused
 G              A
But I feel I'm being used,
   Em                              F♯m        Em
Oh, Maggie, I couldn't have tried any more.
 Asus⁴ Em                  A
  You  lured me away from home
      Em                     A
Just to save you from being alone,
      Em               A          D
You stole my heart and that's what really hurts.
```

Verse 2

        A   **G**   **D**
The morning sun when it's in your face really shows your age,

        A   **G**   **D**
But that don't worry me none in my eyes you're everything.

  G   **D**
I laughed at all of your jokes,

     G   **A**
My love you didn't need to coax,

      Em   **F♯m**   **Em**
Oh, Maggie, I couldn't have tried any more.

Asus⁴ Em   **A**
  You lured me away from home,

      Em   **A**
Just to save you from being alone,

      Em   **A**   **G**   **D**
You stole my soul and that's a pain I can do without.

Verse 3

  A   **G**   **D**
All I needed was a friend to lend a guiding hand,

        A   **G**   **D**
But you turned into a lover and, mother, what a lover, you wore me out.

  G   **D**
All you did was wreck my bed

        G   **A**
And in the morning kick me in the head,

      Em   **F♯m**   **Em**
Oh, Maggie, I couldn't have tried anymore.

Asus⁴ Em   **A**
  You lured me away from home,

          Em   **A**
'Cause you didn't want to be alone,

      Em   **A**   **G** **D**
You stole my heart, I couldn't leave you if I tried.

Instrumental | **Em⁷** | **A** | **D** | **G** |

                        | **Em⁷** | **G** | **D** | **D**   ‖

Verse 4

    A   G   D
I suppose I could collect my books and get on back to school,

    A   G   D
Or steal my daddy's cue and make a living out of playing pool.

    G   D
Or find myself a rock and roll band,

    G   A
That needs a helpin' hand,

      Em   F♯m   Em
Oh, Maggie, I wished I'd never seen your face.

Asus⁴   Em   A
  You made a first class fool out of me,

           Em   A
But I'm as blind as a fool can be,

    Em   A   G   D
You stole my heart but I love you anyway.

Instrumental | Em⁷　| A　　| D　　| G　　|

　　　　　　| Em⁷　| G　　| D　　| D　　‖

　　　　　　| Em⁷　| A　　| D　　| G　　|

　　　　　　| Em⁷　| G　　|

‖: D　| Em⁷　| G　　| D　:‖　*Play five times*

Outro

    D   Em⁷   G   D
Maggie I wish I'd never seen your face,

　　　| D　| Em⁷　| G　　| D　　|

     D   Em⁷ G   D
I'll get on back home   one of these days.

‖: D　| Em⁷　| G　　| D　:‖　*Repeat to fade with ad lib voca*

111

Make Me Smile
(Come Up And See Me)

Words & Music by
Steve Harley

G   F   C   Dm   Em   Am

Intro | (G) | (G) | (G) ‖

Verse 1

N.C.   F   C   G
You've done it all: you've broken every code ____

F   C   G
And pulled the rebel to the floor.

                 F   C   G
You've spoilt the game, no matter what you say ____

F   C   G
For only metal, what a bore. ____

F   C
Blue eyes,   blue eyes,

F   C   G
How can you tell so many lies?

Chorus 1

Dm   F   C   G
Come up and see me, make me smile, ____

Dm   F   C G
I'll do what you want, running wild. ____

Verse 2

N.C.   F   C   G
There's nothing left, all gone and run away.

F   C   G
Maybe you'll tarry for a while.

            F C   G
It's just a test, a game for us to play,

F   C   G
Win or lose, it's hard to smile.

F   C
Resist,   resist:

F   C   G
It's from yourself you'll have to   hide.

Chorus 2

Dm   F   C G
Come up and see me, to make me smile, ____
Dm   F   C G N.C.
I'll do what you want, running wild. ____

Guitar solo

| F | Em | F | Am | Em | Em |

| G | G | Dm | F | C | G |

| Dm | F | C | G | G ||

Verse 3

N.C.   F   C   G
There ain't no more: you've taken everything
F   C   G
From my belief in Mother Earth
      F   C   G
Can you ignore my faith in everything?
F   C   G
'Cause I know what faith is and what it's worth.
F   C
Away, away,
F   C   G   Dm
And don't say maybe you'll try, ____ oh, oh

Chorus 3

           F   C G
To come up and see me, to make me smile, ____
Dm   F   C G N.C.
I'll do what you want, just running wild. ____

Link 1

| F | C | F | C | G | G ||

Chorus 4

Dm   F   C G
Come up and see me, make me smile, ____
Dm   F   C G
I'll do what you want, running wild. ____

Link 2

| F | C | F· | C | G | G ||

Chorus 5

‖: Dm   F   C G
Come up and see me, to make me smile, ____
Dm   F   C G
I'll do what you want, running wild. ____ :‖ *Repeat to fade*

Marquee Moon

Words & Music by
Tom Verlaine

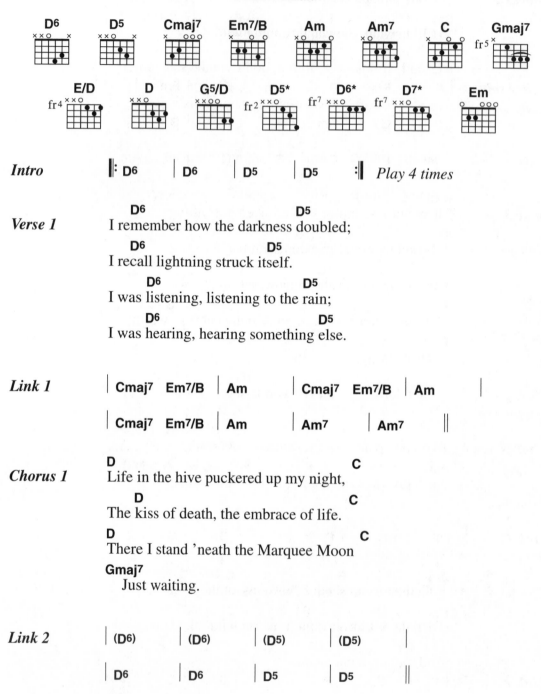

Intro
‖: D6 | D6 | D5 | D5 :‖ *Play 4 times*

Verse 1
D6   D5
I remember how the darkness doubled;
D6   D5
I recall lightning struck itself.
D6   D5
I was listening, listening to the rain;
D6   D5
I was hearing, hearing something else.

Link 1
| Cmaj7 Em7/B | Am | Cmaj7 Em7/B | Am |
| Cmaj7 Em7/B | Am | Am7 | Am7 ‖

Chorus 1
D   C
Life in the hive puckered up my night,
D   C
The kiss of death, the embrace of life.
D   C
There I stand 'neath the Marquee Moon
Gmaj7
   Just waiting.

Link 2
| (D6) | (D6) | (D5) | (D5) |
| D6 | D6 | D5 | D5 ‖

Verse 2

    D6   **D5**
I spoke to a man down at the tracks
       D6   **D5**
And I ask him how he don't go mad?
          D6   **D5**
He said, "Look here, Junior, don't you be so happy,
       D6   **D5**
And for heaven's sake, don't you be so sad."

Link 3

| Cmaj7 Em7/B | Am | | Cmaj7 Em7/B | Am | |

| Cmaj7 Em7/B | Am | | Am7 | Am7 | ‖

Chorus 2

D   **C**
Life in the hive puckered up my night,
     D   **C**
The kiss of death, the embrace of life.
D   **C**
Outside 'neath the Marquee Moon
Gmaj7
   Hesitating.

Guitar solo

| D | | D C | D | | D C | |

| D | | D C | Gmaj7 | Gmaj7 | ‖

Link 4

| D6 | | D6 | | D5 | | D5 | ‖

Verse 3

       D6   **D5**
Well a Cadillac, it pulled out of the graveyard,
     D6   **D5**
Pulled up to me, and they said, "Get in, get in."
        D6   **D5**
Then the Cadillac, it puttered back into the graveyard,
       D6   **D5**
And me, I got out again.

Link 5

| Cmaj7 Em7/B | Am | | Cmaj7 Em7/B | Am | |

| Cmaj7 Em7/B | Am | | Am7 | Am7 | ‖

Chorus 3
     D   **C**
Life in the hive puckered up my night,
        D   **C**
The kiss of death, the embrace of life.
D   **C**
Outside 'neath the Marquee Moon
Gmaj7
    But I ain't waiting, uh-uh.

Link 6   ‖: D6 | D6 | D5 | D5   :‖   *Play 3 times*

Bridge solo   ‖: D6 | D6 | D5 | D5   :‖   *Play 26 times*

D5	D5	E/D	E/D	D	D	
G5/D	G5/D	D5*	D5*	D6*	D6*	
D7*	D7*	‖: D	D	D6	D6	:‖
Em	Em	D6	D6	C	C	
D	D	D	‖			

Link 7 | Drums ‖ (D6) | (D6) | (D5) | (D5) |

        | D6 | D6 | D5 | D5 ‖

Verse 4
    D6   **D5**
I remember how the darkness doubled;
    D6   **D5**
I recall lightning struck itself.
       D6   **D5**
I was listening, listening to the rain;
       D6   **D5**
I was hearing, hearing something else.

Link 8 | Cmaj7   Em7/B | Am | Cmaj7   Em7/B | Am |

         | Cmaj7   Em7/B | Am | Am7 | Am7 | D   ‖

My Sweet Lord

Words & Music by
George Harrison

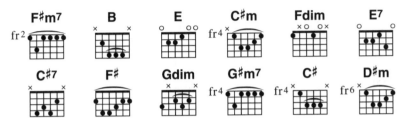

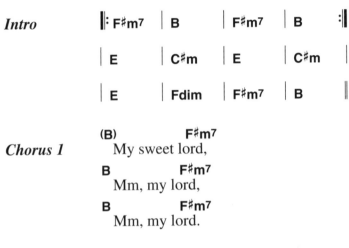

Intro

```
‖: F♯m7  | B      | F♯m7   | B       :‖

    | E      | C♯m    | E       | C♯m     |

    | E      | Fdim   | F♯m7    | B       ‖
```

Chorus 1

    (B)   **F♯m7**
My sweet lord,

B   **F♯m7**
Mm, my lord,

B   **F♯m7**
Mm, my lord.

Verse 1

B   **E**
I really want to see you,

C♯m   **E**
Really want to be with you.

C♯m   **E**
Really want to see you, lord,

        Fdim   **F♯m7**
But it takes so long, my lord.

Chorus 2

B   **F♯m7**
My sweet lord,

B   **F♯m7**
Mm, my lord,

B   **F♯m7**
Mm, my lord.

Verse 2

<pre>
        B   E
    I really want to know you,
    C#m   E
    Really want to go with you.
    C#m   E
    Really want to show you, lord,
          Fdim   F#m7
    That it won't take long, my lord.
</pre>

Chorus 3

<pre>
          B   F#m7   B
    (Hallelujah,) my sweet lord, (hallelujah,)
          F#m7   B
    Mm, my lord, (hallelujah,)
          F#m7   B
    My sweet lord, (hallelujah.)
</pre>

Middle

<pre>
              E
    I really want to see you,
              E7
    Really want to see you.
              C#7
    Really want to see you, lord,
              F#
    Really want to see you, lord,
          Gdim   G#m7
    But it takes so long, my lord.
</pre>

Chorus 4

<pre>
        C#   G#m7   C#
    (Hallelujah,) my sweet lord, (hallelujah,)
          G#m7   C#
    Mm, my lord, (hallelujah,)
            G#m7   C#
    My, my, my lord, (hallelujah.)
</pre>

Verse 3

<pre>
              F#   D#m
    I really want to know you, (hallelujah,)
              F#   D#m
    Really want to go with you, (hallelujah.)
              F#
    Really want to show you, lord,
          Gdim   G#m7
    That it won't take long, my lord.
</pre>

Chorus 5

<pre>
        C#   G#m7   C#
    (Hallelujah,) mm, (hallelujah,)
            G#m7   C#
    My sweet lord, (hallelujah,)
            G#m7   C#
    My, my lord, (hallelujah.)
</pre>

Solo | F♯ | D♯m | F♯ | D♯m |

| F♯ | Gdim | G♯m7 | C♯   ‖

Chorus 6

G♯m7   C♯
Mm, my lord, (hare krishna,)

G♯m7   C♯
My, my, my lord, (hare krishna.)

G♯m7   C♯
Oh mm, my sweet lord, (krishna, krishna,)

G♯m7   C♯
Oh,___ (hare, hare.)

Verse 4

F♯   D♯m7
Now, I really want to see you, (hare rama,)

F♯   D♯m7
Really want to be with you, (hare rama.)

F♯
Really want to see you, lord,

Gdim   G♯m7
But it takes so long, my lord,

Outro

C♯   G♯m7   C♯
(Hallelujah,) mm, my lord, (hallelujah,)

G♯m7   C♯
My, my, my lord, (hare krishna.)

G♯m7   C♯
My sweet lord, (hare krishna,)

G♯m7   C♯
My sweet lord, (krishna krishna.)

G♯m7   C♯
My lord, (hare hare,)

G♯m7   C♯
Mm, mm, (Gurur Brahma.)

G♯m7   C♯
Mm, mm, (Gurur Vishnu,)

G♯m7   C♯
Mm, mm, (Gurur Devo.)

G♯m7   C♯
Mm, mm, (Maheshwara,)

G♯m7   C♯
My sweet lord, (Gurur Sakshaat.)

G♯m7   C♯
‖: My sweet lord, (Parabrahma,)

G♯m7   C♯
My, my, my lord, (Tasmayi Shree,)

G♯m7   C♯
My, my, my, my lord, (Guruve Namah.) :‖   *Repeat ad lib to fade*

More Than A Feeling

Words & Music by
Tom Scholz

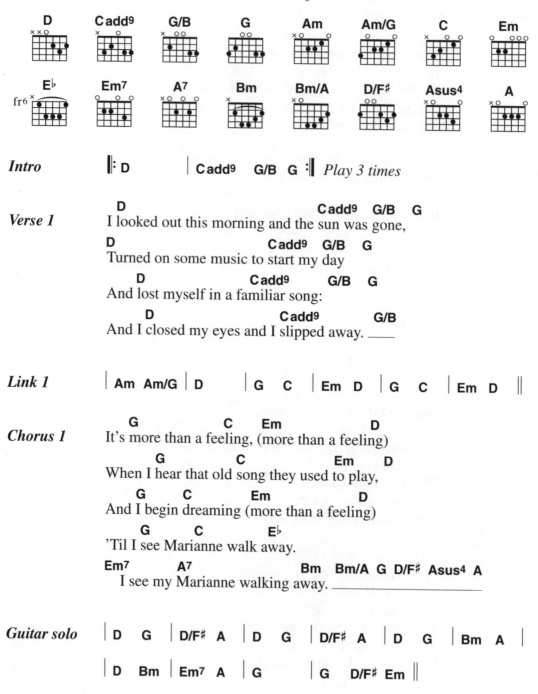

Intro ‖: D | Cadd⁹ G/B G :‖ *Play 3 times*

Verse 1

D   Cadd⁹ G/B   G
I looked out this morning and the sun was gone,

D   Cadd⁹ G/B   G
Turned on some music to start my day

D   Cadd⁹   G/B   G
And lost myself in a familiar song:

D   Cadd⁹   G/B
And I closed my eyes and I slipped away. ____

Link 1 | Am Am/G | D | G   C | Em   D | G   C | Em   D ‖

Chorus 1

G   C   Em   D
It's more than a feeling, (more than a feeling)

G   C   Em   D
When I hear that old song they used to play,

G   C   Em   D
And I begin dreaming (more than a feeling)

G   C   E♭
'Til I see Marianne walk away.

Em⁷   A⁷   Bm Bm/A G D/F♯ Asus⁴ A
    I see my Marianne walking away. _____

Guitar solo | D   G | D/F♯ A | D   G | D/F♯ A | D   G | Bm   A |

| D   Bm | Em⁷ A | G | G   D/F♯ Em ‖

Link 2 | D | D | Cadd⁹ G/B G | D | Cadd⁹ G/B G ‖

Verse 2
```
      D                    Cadd⁹       G/B   G
When I'm tired and thinking cold
        D                 Cadd⁹ G/B   G
I hide in my music, forget the  day,
          D                Cadd⁹        G/B   G
And dream of a girl I used to know,
          D                    Cadd⁹   G/B   Cadd⁹
I closed my eyes and she slipped away. _____
```

Link 3 | D | Cadd⁹ G/B   G | D | Cadd⁹   G/B G |
```
                                               She slipped a -
```
            | D | Cadd⁹ | G/B | D | Cadd⁹ | G/B   ‖
```
-way.
```

Link 4 | Am Am/G | D | D |
            | G   C | Em D | G   C | Em D ‖

Chorus 2
```
      G              C     Em              D
It's more than a feeling, (more than a feeling)
        G            C           Em    D
When I hear that old song they used to play,
      G    C         Em             D
And I begin dreaming (more than a feeling)
        G       C          Em   D
'Til I see Marianne walk away._____
```

Coda   ‖: G   C | Em D :‖ *Repeat to fade*

Mother And Child Reunion

Words & Music by
Paul Simon

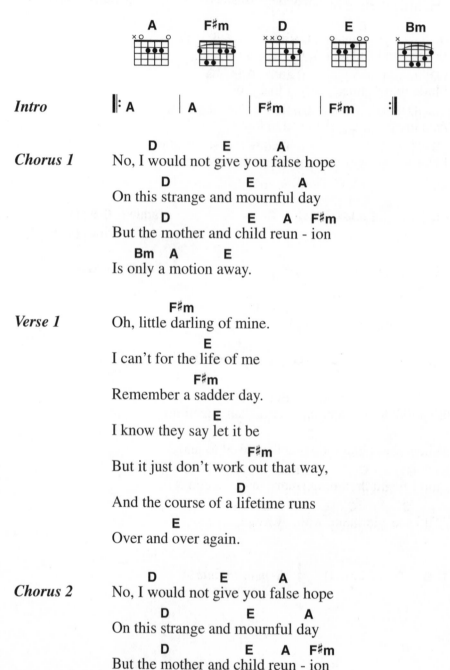

Intro   ‖: A | A | F♯m | F♯m :‖

Chorus 1

         D   E   A
No, I would not give you false hope
         D   E   A
On this strange and mournful day
         D   E   A F♯m
But the mother and child reun - ion
     Bm A   E
Is only a motion away.

Verse 1

          F♯m
Oh, little darling of mine.
              E
I can't for the life of me
          F♯m
Remember a sadder day.
              E
I know they say let it be
                F♯m
But it just don't work out that way,
               D
And the course of a lifetime runs
          E
Over and over again.

Chorus 2

         D   E   A
No, I would not give you false hope
         D   E   A
On this strange and mournful day
         D   E   A F♯m
But the mother and child reun - ion
     Bm A   E
Is only a motion away.

Verse 3

          F♯m
Oh, little darling of mine,

          E
I just can't believe it's so,

              F♯m
And though it seems   strange to say

          E
I never been laid so low

           F♯m
In such a mysterious way,

              D
And the course of a lifetime runs

          E
Over and over again.

Chorus 3

      D   **E**   **A**
But I would not give you false hope

      D   **E**   **A**
On this strange and mournful day

         D   **E** **A** **F♯m**
When the mother and child reun - ion

  Bm **A**   **E**
Is only a motion away.

          D   **E** **A**
‖: Oh, oh the mother and child reunion

  D **E**   **A**
Is only a motion away

      D   **E**   **A** **F♯m**
Oh the mother and child reun - ion

  Bm **A**   **E**
Is only a moment away. :‖ *Repeat to fade*

My Brother Jake

Words & Music by
Paul Rodgers & Andy Fraser

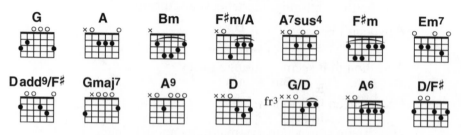

Capo second fret

Verse 1

   G A   **Bm F#m/A**
My brother Jake:

A7sus4
Hat, shades, head in a daze.

   G A   **Bm F#m/A**
My brother Jake,

            A7sus4
Have you thought about changing your ways?

      F#m   **Bm**
He goes out, he don't have no doubts,

              Em7   **Dadd9/F#** **Gmaj7**
You don't have to know _____

         A9   **D**
What the world's about.

Verse 2

   G A   **Bm F#m/A**
My brother Jake:

A7sus4
Head down, it's a-scraping the ground.

G A   **Bm F#m/A**
Jake, stay away; ____

        A7sus4
You know you can't always be down.

      F#m   **Bm**
He goes out, he don't have no doubts,

              Em7   **Dadd9/F#** **Gmaj7**
You don't have to know _____

         A9   **D**
What the world's about.

Bridge 1

          G/D   D
I said "Jake,

             G/D   D   Bm A
Now won't you wait, what's got into you?

      G/D   D   G/D   D
The kettle is burning, the wheels are turning,

   A⁹   D
     What you gonna do?"

Verse 3

   G   A   Bm F♯m/A
My brother Jake,

          A⁷sus⁴
Won't you start again, try making some friends?

  G   A   Bm F♯m/A
Jake, it's not too late ____

      A⁷sus⁴
To start again, try making amends.

      F♯m   Bm
He goes out, he don't have no doubt,

                   Em⁷   Dadd⁹/F♯ Gmaj⁷
You don't have to know _____

       A⁹   D
What the world's about.

Bridge 2

          G/D   D
‖: I said "Jake, ____

             G/D
Now won't you wait? ____

                   D   Bm A
What's gone wrong with you?

   G/D   D   G/D   D
The kettle is burning, the wheels are turning,

  A⁹   D
   What you gonna do?"   :‖

Bridge 3

          G/D   D
I said "Jake, Jake, Jake,

             G/D   D   Bm A
Won't you wait, wait, wait, what's got into you?

      G/D   D   G/D   D
The kettle is burning, the wheels of time are turning,

  A⁹   D
   What you gonna do? Listen:"

Coda

         Bm   A⁶   Gmaj⁷   D/F♯
"I'm gonna make you, Jake, because you've got what it takes

        Em⁷   D
To give a whole lotta people some soul."

My Sharona

Words & Music by
Douglas Fieger & Berton Averre

G5   C   B♭   E♭   F   D   G

Intro | Drums for 4 bars | (G5) | (G5) | (G5) | C   B♭ |
| G5 | G5 | G5 | C   B♭ ||

Verse 1

G5
Ooh my little pretty one, pretty one,
                                  C   B♭
When you gonna give me some time, Sharona?
G5
   Will you make my motor run, my motor run,
                          C   B♭
Honey coming off of the line, Sharona?

Pre-chorus 1

G5
Never gonna stop, give it up, such a dirty mind,
B♭
I always get it up for the touch of the younger kind.
C   E♭   F
My my, my my my, wooh!

Chorus 1

G5   C B♭
   M-m-m-my Sharona.

Verse 2

G5
Come a little closer, huh, be a hon,
                          C   B♭
Close enough to look in my eyes, Sharona.
G5
Keep a bit of mystery, get to me,
                             C   B♭
Running down the length of my thigh, Sharona.

Pre-chorus 2   As Pre-chorus 1

Chorus 2

G5
M-m-m-my Sharona, m-m-m-my Sharona.

Guitar solo 1 ‖: C | E♭ F | G5 | G5 :‖ *Play 3 times*

| C | E♭ F | D | D ‖

Link 1 ‖: G5 | G5 | G5 | C B♭ :‖

Verse 3

G5
When you gonna give to me, give to me;

       C   B♭
Is it just a matter of time, Sharona?

G5
Here's a trip to destiny, to destiny,

        C   B♭
Or is it just a game in my mind, Sharona?

Pre-chorus 3 As Pre-chorus 1

Chorus 3

G5   C E♭   F
M-m-m-m-m-m-m, my-my-my-my-my wooh!

Chorus 4

G5
M-m-m-my Sharona, m-m-m-my Sharona.

M-m-m-my Sharona, m-m-m-my Sharona.

Link 2 | C | C | C | C ‖

Guitar solo 2 ‖: C G | F   G | C G | F   G :‖ *Play 5 times*

| C G | F   G | D | D | N.C. ‖

Link 3 ‖: G5 | G5 | G5 | G5 :‖

Coda ‖: G5   C   B♭ :‖ *Play 3 times*
    Oh _____ my Sharona!

No More Heroes

Words & Music by
Jean-Jacques Burnel, Jet Black, Hugh Cornwell & David Greenfield

Gm   C   F   B♭   Am   B♭maj7

Intro ‖: Gm C | Gm F | Gm C | Gm F :‖

Verse 1
               Gm   C F Gm   C F Gm
Whatever happened to   Leon Trotsky?
                 C F Gm   C F Gm
He got an ice pick   that made his ears burn.
                 C F Gm   C F Gm
Whatever happened to   dear old Lenny,
               C F Gm   C F Gm
The great Elmyra   and Sancho Panza?

Chorus 1
B♭   C   Gm
  Whatever happened to the heroes?
B♭   C   Gm
  Whatever happened to the heroes?

Verse 2
               Gm   C F Gm   C F Gm
Whatever happened to   all the heroes? __
                 C   F Gm
All the Shakespearoes?
                         C F Gm
They watched their Rome burn. __

Chorus 2
B♭   C   Gm
  Whatever happened to the heroes?
B♭   C   Gm
  Whatever happened to the heroes?

Bridge 1
Gm   C   Gm F
No more heroes any   more,
Gm   C   Gm F
No more heroes any   more.

Guitar solo   ‖: Gm Am | B♭ C :‖: Gm Am | B♭ Am :‖

‖: Gm Am | B♭ F :‖: Gm C | Gm F :‖

Keyboard solo ‖: B♭ | C | B♭maj⁷ | C :‖ *Play 5 times*

| Gm C | Gm F | Gm C | Gm F ‖

                 Gm   C F Gm   C F Gm

Verse 3   Whatever happened to   all of the heroes? ___

                             C   F Gm

All the Shakespearoes?

                                     C F Gm

They watched their Rome burn. ___

             B♭   C   Gm

Chorus 3   Whatever happened to the heroes?

             B♭   C   Gm

Whatever happened to the heroes?

             Gm   C   Gm F

Bridge 2   No more heroes any more,

             Gm   C   Gm F

No more heroes any more,

             Gm   C   Gm F

No more heroes any more,

             Gm   C   Gm F

No more heroes any more,

Coda   ‖: Gm | Gm | Gm | Gm :‖ *Play 3 times*

No More Mr Nice Guy

Words & Music by
Alice Cooper & Michael Bruce

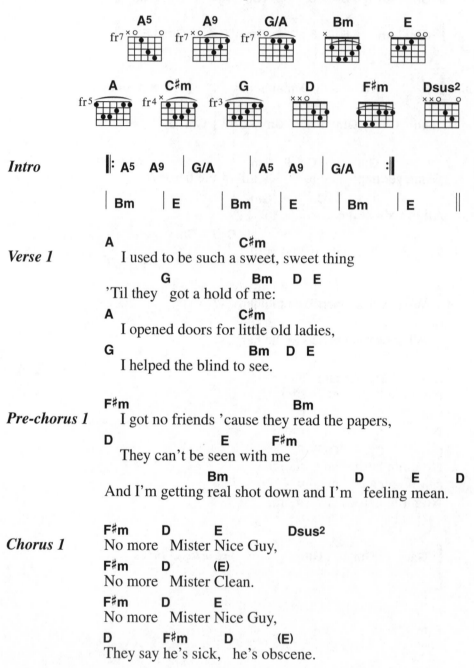

Intro   ‖: A5 A9 | G/A | A5 A9 | G/A :‖

| Bm | E | Bm | E | Bm | E | ‖

Verse 1

A   C#m
I used to be such a sweet, sweet thing
            G   Bm   D E
'Til they   got a hold of me:
A   C#m
I opened doors for little old ladies,
G   Bm   D E
I helped the blind to see.

Pre-chorus 1

F#m   Bm
I got no friends 'cause they read the papers,
D   E   F#m
They can't be seen with me
            Bm   D   E   D
And I'm getting real shot down and I'm   feeling mean.

Chorus 1

F#m   D   E   Dsus2
No more   Mister Nice Guy,
F#m   D   (E)
No more   Mister Clean.
F#m   D   E
No more   Mister Nice Guy,
D   F#m   D   (E)
They say he's sick, he's obscene.

Link   ‖: A5 A9 | G/A | A5 A9 | G/A   :‖

Pre-chorus 2

F♯m   Bm
  I got no friends 'cause they read the papers,

D   E   F♯m
  They can't be seen with me

              Bm   D   E   D
  And I'm feeling real shot down and I'm getting mean.

Chorus 2   As Chorus 1

Verse 2

A   C♯m
  My dog bit me on the leg today,

G   Bm E   A
  My cat clawed my eyes (nice guy-ee).

                   C♯m
Mom's been thrown out of the social circle,

G   Bm E
  And Dad has to hide.

A   C♯m
  I went to church incognito;

G   Bm D E
  When everybody rose,

A   C♯m
  The Reverend Smith he, he recognized me

G   Bm
  And punched me in the nose.

D E
He said:

Chorus 3

 ‖: F♯m   D   E   Dsus2
 ‖: No more Mister Nice Guy,

F♯m   D   E
  No more Mister Clean.

F♯m   D   E
No more Mister Nice Guy,

D   F♯m   D   (E)
They say you're sick, you're ob - sce - e - e - ene :‖

Coda

(E)
E - e - e - ene,

                A
E - e - e - ene, ene!

No Woman, No Cry

Words & Music by
Vincent Ford

C   C/B   Am   F   G   Em   Dm   Cadd⁹

Capo first fret

Intro   ‖: C C/B | Am F | C F | C G :‖

Chorus 1
    C   C/B   Am F
    No woman, no cry,

    C   F   C   G
    No woman, no cry,

    C   C/B   Am F
    No woman, no cry,

    C   F   C   G
    No woman, no cry.

Verse 1
            C   C/B Am   F
    Say, say,   said I remember when we used to sit

    C   C/B   Am   F
    In the government yard in Trenchtown,

    C   C/B   Am   F
    Oba-observing the hypocrites

           C   G/B   Am   F
    As they would mingle with the good people we meet.

    C   C/B   Am   F
    Good friends we have had, oh good friends we've lost

    C C/B   Am F
    Along the way.

    C   C/B   Am   F
    In this bright future you can't forget your past,

    C   C/B Am F
    So dry your tears, I say, and

Chorus 2

```
C     C/B        Am  F
No woman, no cry,

C    F          C    G
No woman, no cry,

C     C/B          Am           F
Here  little darlin',   don't shed no tears,

C    F          C    G
No woman, no cry.
```

Verse 2

```
          C          C/B  Am                F
Said, said,   said I remember when we used to sit

C        C/B          Am           F
In the government yard in Trenchtown,

C          C/B          Am          F
And then Georgie would make the fire light

          C          C/B              Am    F
As it was   log wood burnin' through the night.

C              C/B          Am            F
Then we would cook corn meal porridge

C            C/B          Am  F
Of which I'll share with you.

C     C/B      Am      F
My feet is my only carriage

C        C/B            Am    F
So I've got to push on through.
```

Bridge

```
   C                        C/B
𝄆    Ev'rything's gonna be alright,

Am                F    G
   Ev'rything's gonna be alright.  𝄇  Play 4 times
```

Chorus 3

```
   C              C/B  Am  F
No woman, no cry, ‿

        C          F          C    G
No, no woman, no woman, no cry.

C          C/B  Am             F
Oh, little sister, don't shed no tears,

C    F          C    G
No woman, no cry.
```

Solo

```
𝄆 C   C/B │ Am   F │ C   F   │ C   G   𝄇  Play 4 times
```

Verse 3

           C   G/B   Am   F
Said, said,   said I remember when we used to sit

C   G/B   Am   F
  In the government yard in Trenchtown,

C   G/B   Am   F
  And then Georgie would make the fire light

           C   G/B   Am F
As it was   log wood burnin' through the night.

C   G/B   Am   F
  Then we would cook corn meal porridge

C   G/B   Am F
  Of which I'll share with you.

C   G/B   Am   F
  My feet is my only carriage

C   G/B   Am
  So I've got to push on through,

   F   G
But while I'm gone I mean.

Chorus 4

C   G/B   Am F
  No woman, no cry,

C   F   C   G
  No woman, no cry,

C   G/B   Am   F
  Oh c'mon little darlin', say don't shed no tears,

C   F   C   G
  No woman, no cry,   yeah!

Chorus 5

C   G/B   Am   F
  (Little darlin', don't shed no tears,

C   F   C   G
  No woman, no cry.

C   F   C   C
  Little sister, don't shed no tears,

  F   C   G
No woman, no cry.)

Coda

| C G/B | Am F | C F | C G |

| C G/B | Am F | C F Em Dm | Cadd⁹ ‖

One Way Or Another

Words & Music by
Deborah Harry & Nigel Harrison

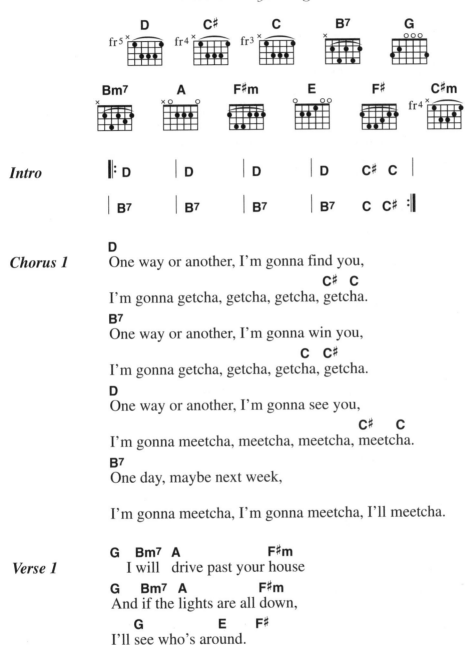

Intro

|: D | D | D | D C♯ C |
| B7 | B7 | B7 | B7 C C♯ :|

Chorus 1

D
One way or another, I'm gonna find you,
                                    C♯ C
I'm gonna getcha, getcha, getcha, getcha.
B7
One way or another, I'm gonna win you,
                              C C♯
I'm gonna getcha, getcha, getcha, getcha.
D
One way or another, I'm gonna see you,
                                    C♯   C
I'm gonna meetcha, meetcha, meetcha, meetcha.
B7
One day, maybe next week,

I'm gonna meetcha, I'm gonna meetcha, I'll meetcha.

Verse 1

G Bm7 A   F♯m
  I will   drive past your house
G Bm7 A   F♯m
And if the lights are all down,
   G   E   F♯
I'll see who's around.

Chorus 2

D
One way or another, I'm gonna find you,

                         C♯ C
I'm gonna getcha, getcha, getcha, getcha.

B7
One way or another, I'm gonna win you,

                C C♯
I'll getcha, I'll getcha.

D
One way or another, I'm gonna see you,

                         C♯   C
I'm gonna meetcha, meetcha, meetcha, meetcha.

B7
One day, maybe next week,

I'm gonna meetcha, I'll meetcha.

Verse 2

G   Bm7 A   F♯m
And if the lights are all out

G Bm7 A   F♯m
I'll follow your bus downtown,

  G   E   F♯
See who's hanging round. _____

Instrumental

‖: F♯m | F♯m | A | C♯m :‖

| B7 | E | F♯m | F♯m |

| A | A | B | B C C♯ ‖

Chorus 3

D
One way or another I'm gonna lose you,

                     C♯ C
I'm gonna give you the slip,

   B7
A slip of the hip or another.

                                       C   C♯
I'm gonna lose you, I'm gonna trick you, I'll trick you.

D
One way or another I'm gonna lose you,

                      C♯ C
I'm gonna trick you, trick you, trick you, trick you.

B7
One way or another, I'm gonna lose you,

I'm gonna give you the slip.

| **Link** | | D | | D | | B7 | | B7 | ‖ |

Bridge

D
I'll walk down the mall, stand over by the wall

B7
Where I can see it all, find out who you call;

D
Lead you to the supermarket, check out some

B7
Specials and rap, then get lost in the crowd.

Coda

    D
‖: One way or another I'm gonna

B7
{ Getcha,   I'll getcha.
  (Where I can see it all,

{ I'll getcha, getcha, getcha,   getcha.
    Find   out   who you call.) :‖   *Repeat to fade*

Oliver's Army

Words & Music by
Elvis Costello

G   C   D   B7   Em   A

D/F♯   G/B   F♯m   E   fr4   C♯   Amaj7   A/C♯

Capo second fret

Intro ‖: G | G | C | D :‖

Verse 1

G
    Don't start that talking,
C   D   G
    I could talk all night, ____

My mind is sleep-walking
C   B7   Em
    While I'm putting the world to right.
           A
Called Careers Information,
Em   A   D
    Have you got yourself an occu - (pation?)

Chorus 1

G   C   D
{ Oliver's army is here to stay, ____
{ - pation?
G   C   D   G
Oliver's army are on their way, ____
        D/F♯ Em   D   C G/B D   G
And I would rather be anywhere else but   here today.

| G | C | D ‖

Verse 2

G
    There was a checkpoint charlie:
C   D   G
    He didn't crack a smile. ____

cont. But it's no laughing party

C   B7   Em
    When you've been on the murder mile.

                        A
Only takes one itchy trigger:

Em   A   D
One more widow, one less white nigger.

            G   C   D
Chorus 2 Oliver's army is here to stay, ____

            G   C   D   G
            Oliver's army are on their way, ____

                D/F♯   Em   D   C   G/B D   G
            And I would rather be anywhere else but   here today.

            | G | C | D   ‖

          F♯m   E   D   C♯
Bridge   Hong Kong is up for grabs,   London is full of Arabs.
          B7   E   D   E
            We could be in Palestine, over-run by the Chinese line
                  D   E
          With the boys from the Mersey and the Thames and the Tyne.

           A
Verse 3   But there's no danger,
           D   E   A
             It's a professional career;
                                    D   C♯   F♯m
           Though it could be arranged with just a word in Mr Churchill's ear.
                    B7   F♯m
           If you're out of luck or out of work
                      B7 E   A   D E
           We could send you to Johannesburg.

            A   D   E
Chorus 3 Oliver's army is here to stay,
            A   D   E   A
            Oliver's army are on their way, ____
                Amaj7 F♯m   E   D   A/C♯ E   A
            And I would rather be anywhere else but   here today.

              Amaj7 F♯m   E   D   A/C♯ E   A
Coda   ‖: And I would rather be anywhere else but   here today. :‖
                  D   E   A
           ‖: Oh-oh-oh-oh-oh, oh-oh-oh-oh-oh. :‖ *Repeat to fade*

Paranoid

Words & Music by
Terence Butler, John Osbourne, Frank Iommi & William Ward

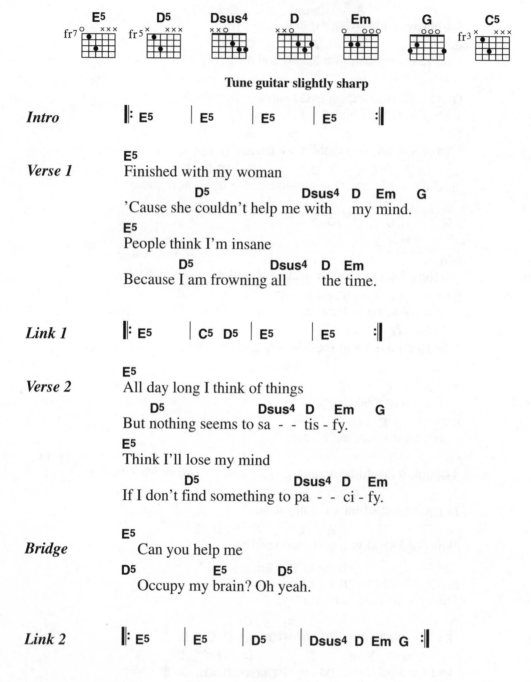

Tune guitar slightly sharp

Intro
‖: E5 | E5 | E5 | E5 :‖

Verse 1

E5
Finished with my woman

    D5   Dsus4 D Em   G
'Cause she couldn't help me with   my mind.

E5
People think I'm insane

    D5   Dsus4 D Em
Because I am frowning all   the time.

Link 1
‖: E5 | C5 D5 | E5 | E5 :‖

Verse 2

E5
All day long I think of things

    D5   Dsus4 D   Em   G
But nothing seems to sa - - tis - fy.

E5
Think I'll lose my mind

    D5   Dsus4 D   Em
If I don't find something to pa - - ci - fy.

Bridge

  E5
 Can you help me

D5   E5   D5
Occupy my brain? Oh yeah.

Link 2
‖: E5 | E5 | D5 | Dsus4 D Em G :‖

Verse 3

E5
I need someone to show me
     D5   Dsus4 D   Em   G
The things in life that I   can't find.
E5
I can't see the things
                    D5   Dsus4 D Em
That make true happiness, I must   be blind.

Guitar solo ‖: E5 | E5 | D5 | Dsus4 D Em G :‖ *Play 4 times*

Link 3 ‖: E5 | E5 | D5 | Dsus4 D Em G :‖

Verse 4

E5
Make a joke and I will sigh
      D5   Dsus4 D   Em   G
And you will laugh and I   will cry.
E5
Happiness I cannot feel
      D5   Dsus4 D   Em
And love to me is so   un - real.

Link 4 ‖: E5 | C5 D5 | E5 | E5 :‖

Verse 5

E5
And so as you hear these words
      D5   Dsus4 D   Em   G
Telling you now of   my state,
E5
I tell you to enjoy life,
      D5   Dsus4 D   Em
I wish I could but it's   too late.

Coda | E5 | E5 | D5 | Dsus4 D Em G |

| E5 | E5 | D5 | Dsus4 D Em ‖

Roxanne

Words & Music by
Sting

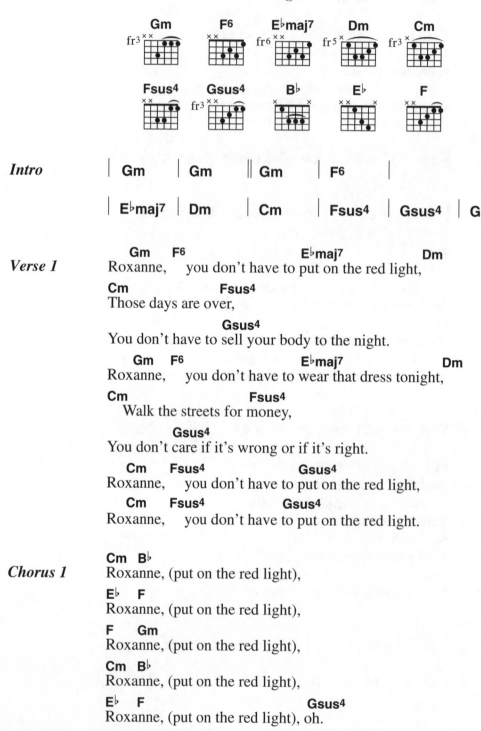

Intro

| Gm | Gm ‖ Gm | F6 |

| E♭maj7 | Dm | Cm | Fsus4 | Gsus4 | Gsus4 ‖

Verse 1

Gm   F6   E♭maj7   Dm
Roxanne,   you don't have to put on the red light,

Cm   Fsus4
Those days are over,

                Gsus4
You don't have to sell your body to the night.

Gm   F6   E♭maj7   Dm
Roxanne,   you don't have to wear that dress tonight,

Cm   Fsus4
 Walk the streets for money,

                Gsus4
You don't care if it's wrong or if it's right.

Cm   Fsus4   Gsus4
Roxanne,   you don't have to put on the red light,

Cm   Fsus4   Gsus4
Roxanne,   you don't have to put on the red light.

Chorus 1

Cm B♭
Roxanne, (put on the red light),

E♭   F
Roxanne, (put on the red light),

F   Gm
Roxanne, (put on the red light),

Cm B♭
Roxanne, (put on the red light),

E♭   F   Gsus4
Roxanne, (put on the red light), oh.

Instrumental | Gm | Gm | Gm | Gm ‖

           Gm   **F6**

Verse 2   I loved you since I knew ya,

            E♭maj7   **Dm**

    I wouldn't talk down to ya,

        Cm   **Fsus4**

    I have to tell you just how I feel,

             Gsus4

    I won't share you with another boy.

    Gm   **F6**

    I know my mind is made up,

        E♭maj7   **Dm**

    So put away your make up,

    Cm   **Fsus4**

     Told you once, I won't tell you again,

         Gsus4

    It's a crime the way…

         Cm **Fsus4**   **Gsus4**

    Roxanne,   you don't have to put on the red light,

         Cm **Fsus4**   **Gsus4**

    Roxanne,   you don't have to put on the red light.

         Cm **B♭**

Chorus 2 ‖: Roxanne, (put on the red light),

    E♭   **F**

    Roxanne, (put on the red light),

    F   **Gm**

    Roxanne, (put on the red light),

    Cm **B♭**

    Roxanne, (put on the red light). :‖ *Repeat to fade*

The Passenger

Words by Iggy Pop
Music by Ricky Gardiner

Am   **F**   **C**   **G**   **E**

Intro   ‖: Am F | C G | Am F | C E :‖   *Play 3 times*

Verse 1
Am   F   C G
I am the passenger
Am   F   C   E
And I ride and I ride:
Am   F   C   G
I ride through the city's backsides,
Am   F   C   E
I see the stars come out of the sky.
Am   F   C   G
Yeah, the bright the hollow sky,
Am   F   C   E
You know it looks so good tonight.

Link 1 | Am F | C G | Am F | C E ‖

Verse 2
Am   F   C G
I am the passenger,
Am   F   C   E
I stay under glass,
Am   F   C   G
I look through my window so bright,
Am   F   C   E
I see the stars come out tonight,
Am   F   C   G
I see the bright and hollow sky
Am   F   C   E
Over the city's ripped-back sky,
Am   F   C   G
And everything looks good tonight.

Link 2 | Am F | C E ‖

Chorus 1

Am F   C   G Am F C   E
Singing la la, la la, la-la-la-la, la la, la la, la-la-la-la,

Am F   C   G
La la, la la, la-la-la-la, la la (la.)

Link 3

| Am F | C   E | Am F | C   G ‖
la.

Verse 3

Am F   C G
  Get into the car,

Am   F   C E
  We'll be the passenger:

Am   F   C   G
  We'll ride through the city tonight,

Am   F   C   E
  We'll see the city's ripped backsides,

Am   F   C   G
  We'll see the bright and hollow sky,

Am   F   C   E
  We'll see the stars that shine so bright,

Am F   C   G
  Stars made for us tonight.

Link 4

| Am F | C E | Am F | C   G | Am F | C   E ‖

Verse 4

Am   F   C G Am   F   C   E
  Oh, the passenger   how, how he rides.

Am   F   C G Am F   C   E
  Oh, the passenger   he rides and he rides.

Am   F   C   G
  He looks through his window,

Am   F   C E
What does he see?

Am   F   C   G
  He sees the bright and hollow sky,

Am   F   C   E
  He sees the stars come out tonight,

Am   F   C   G
  He sees the city's ripped backsides,

Am   F   C   E
  He sees the winding ocean drive.

Am   F   C   G
  And everything was made for you and me,

Am   F   C   E
  All of it was made for you and me,

<pre>
            Am   F   C   G
cont.   'Cause it just belongs to you and me,
            Am   F   C   E
            So let's take a ride and see what's (mine.)

Link 5 | Am   F | C   G | Am   F | C   E ||
            mine.   Singing:

            Am   F   C   G   Am   F   C   E
Chorus 2   La la, la la, la-la-la-la, la la, la la, la-la-la-la,
            Am   F   C   G
            La la, la la, la-la-la-la, la la (la.)

Link 6 | Am   F | C   E | Am   F | C   G ||
            la.

            Am   F   C G Am F   C   E
Verse 5   Oh, the passenger   he rides and he rides:
            Am   F   C   G
            He sees things from under glass,
            Am   F   C   E
            He looks through his window side,
            Am   F   C   G
            He sees the things he knows are his.
            Am   F   C   E
            He sees the bright and hollow sky,
            Am   F C   G
            He sees the city sleep at night,
            Am   F   C   E
            He sees the stars are out tonight.
            Am   F C   G
            And all of it is yours and mine,
            Am   F C   E
            And all of it is yours and mine,
            Am   F   C   G   Am   F C E
            So let's ride and ride and ride and ride.

Link 7 | Am   F | C   G ||
                              Singing:

            . Am   F   C   G   Am   F   C   E
Chorus 3 |: La la, la la, la-la-la-la, la la, la la, la-la-la-la,
            Am   F   C   G
            La la, la la, la-la-la-la, la la la. :| Repeat to fade

146
</pre>

Saturday Night's Alright For Fighting

Words & Music by
Elton John & Bernie Taupin

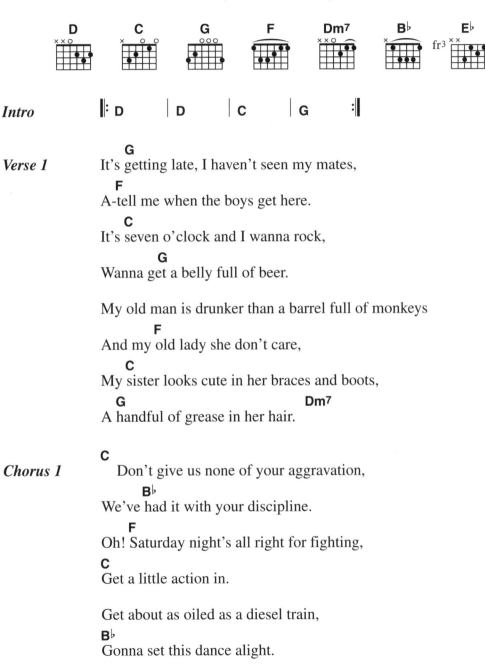

Intro   ‖: D | D | C | G :‖

Verse 1

      G
It's getting late, I haven't seen my mates,
     F
A-tell me when the boys get here.
      C
It's seven o'clock and I wanna rock,
         G
Wanna get a belly full of beer.

My old man is drunker than a barrel full of monkeys
       F
And my old lady she don't care,
      C
My sister looks cute in her braces and boots,
   G   Dm7
A handful of grease in her hair.

Chorus 1

     C
     Don't give us none of your aggravation,
       Bb
We've had it with your discipline.
      F
Oh! Saturday night's all right for fighting,
 C
Get a little action in.

Get about as oiled as a diesel train,
Bb
Gonna set this dance alight.

cont.
          F
Yeah, Saturday night's the night I like,

C   **G**   **E♭**   **Dm7**
Saturday night's all right, all right, all right. Ooh. _____

| **C** | **C** ||

Link 1 | **G** | **G** **Dm7 F** | **G** | **G** **Dm7 F** ||

Verse 2
           G
Well we're packed pretty tight in here tonight,

      F
I'm looking for a gal who can see me right.

      C
I can use a little muscle to get what I need,

      G
I can sink a little drink and shout out, "She's with me."

A couple of the sounds that I really like

        F
Are the sounds of a switchblade and a motorbike.

      C
I'm a juvenile product of the working-class

      G   **Dm7**
Whose best friend floats in the bottom of a glass. Oh. _____

Chorus 2
    C
    Don't give us none of your aggravation,

    B♭
We've had it with your discipline.

F
Saturday night's all right for fighting,

C
Get a little action in.

Get about as oiled as a diesel train,
B♭
Gonna set this dance alight.

      F
Yeah, Saturday night's the night I like,

C   **G**   **E♭**   **Dm7**
Saturday night's all right, all right, all right. Ooh. _____

| **C** | **C** ||

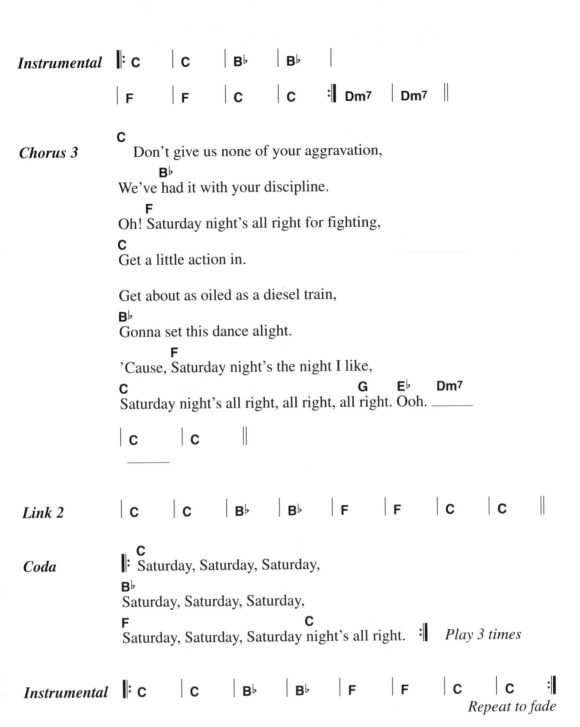

Instrumental ‖: C | C | B♭ | B♭ |

| F | F | C | C :‖ Dm7 | Dm7 ‖

Chorus 3

C
Don't give us none of your aggravation,

B♭
We've had it with your discipline.

F
Oh! Saturday night's all right for fighting,

C
Get a little action in.

Get about as oiled as a diesel train,

B♭
Gonna set this dance alight.

F
'Cause, Saturday night's the night I like,

C   G   E♭   Dm7
Saturday night's all right, all right, all right. Ooh. _____

| C | C | ‖
_____

Link 2 | C | C | B♭ | B♭ | F | F | C | C | ‖

Coda   C
‖: Saturday, Saturday, Saturday,

B♭
Saturday, Saturday, Saturday,

F   C
Saturday, Saturday, Saturday night's all right. :‖ *Play 3 times*

Instrumental ‖: C | C | B♭ | B♭ | F | F | C | C :‖

Repeat to fade

Shake Some Action

Words & Music by
Cyril Jordan & Chris Wilson

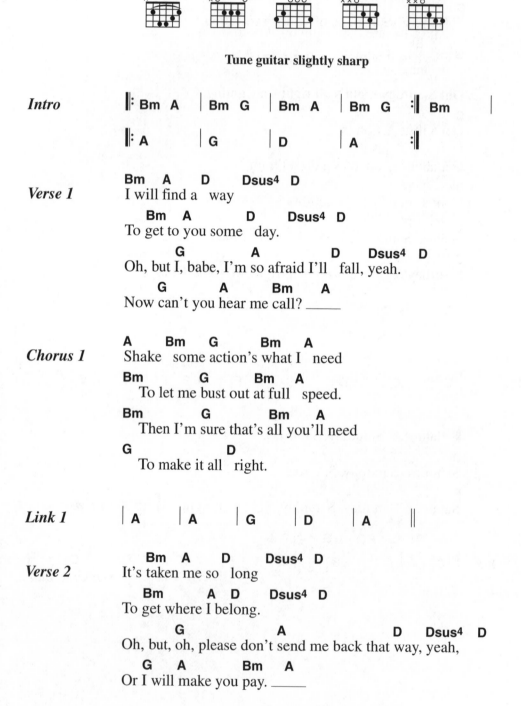

Tune guitar slightly sharp

Intro
‖: Bm A | Bm G | Bm A | Bm G :‖ Bm |

‖: A | G | D | A :‖

Verse 1

Bm   A   D   Dsus4 D
I will find a   way

   Bm   A   D   Dsus4 D
To get to you some   day.

       G   A   D   Dsus4 D
Oh, but I, babe, I'm so afraid I'll   fall, yeah.

      G   A   Bm   A
Now can't you hear me call? _____

Chorus 1

A   Bm   G   Bm   A
Shake   some action's what I   need

Bm   G   Bm   A
   To let me bust out at full   speed.

Bm   G   Bm   A
   Then I'm sure that's all you'll need

G   D
   To make it all   right.

Link 1
| A | A | G | D | A ‖

Verse 2

   Bm   A   D   Dsus4 D
It's taken me so   long

   Bm   A D   Dsus4 D
To get where I belong.

       G   A   D   Dsus4 D
Oh, but, oh, please don't send me back that way, yeah,

      G A   Bm   A
Or I will make you pay. _____

Chorus 2

    A   **Bm**   **G**   **Bm**   **A**
Shake   some action's what I   need

Bm   **G**   **Bm**   **A**
   To let me bust out at full   speed.

Bm   **G**   **Bm**   **A**
   And I'm sure that's all you'll need

G   **D** | **A** | **A** | **G** | **D** | **A** |
   To make it all   right.

Guitar solo   ‖: **Bm** | **G** | **D** | **A**   :‖ *Play 4 times*

             | **G** | **D** | **A** | **A** | **G** | **D** | **A**   ‖

Verse 3

    Bm   **A**   **D**   **Dsus4 D**
If you don't dig what I   say

       Bm **A** **D**   **Dsus4 D**
Then I will go away.

       G   **A**   **D**   **Dsus4 D**
And I won't come back this way again, no,

       G   **A**   **Bm**   **A**
'Cause I don't need a friend. _____

Chorus 3

    A   **Bm**   **G**   **Bm**   **A**
Shake   some action's what I   need

Bm   **G**   **Bm**   **A**
   To let me bust out at full   speed.

Bm   **G**   **Bm**   **A**
   And I'm sure that's all you'll need

G   **D**
   To make it all   right.

Link 3 | **A** | **A** | **G** | **D** | **A**   ‖

Guitar solo   ‖: **Bm** | **G** | **D** | **A**   :‖ **A**   ‖

Show Me The Way

Words & Music by
Peter Frampton

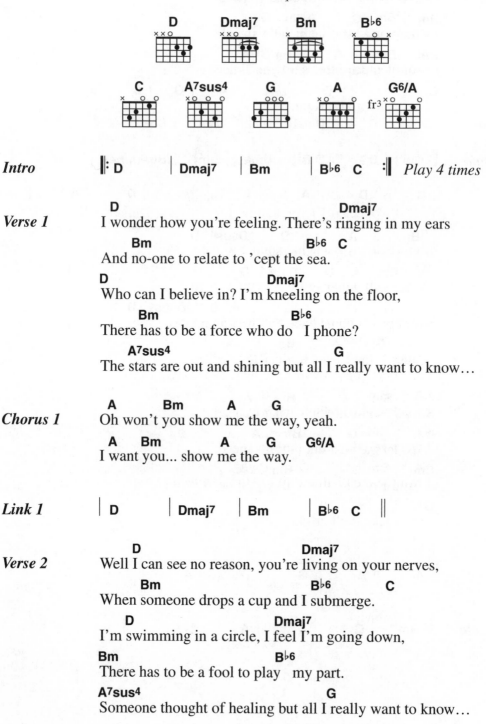

Intro ‖: D | Dmaj7 | Bm | B♭6 C :‖ *Play 4 times*

Verse 1

     D   Dmaj7
I wonder how you're feeling. There's ringing in my ears
     Bm   B♭6 C
And no-one to relate to 'cept the sea.
D   Dmaj7
Who can I believe in? I'm kneeling on the floor,
     Bm   B♭6
There has to be a force who do   I phone?
     A7sus4   G
The stars are out and shining but all I really want to know…

Chorus 1

     A   Bm   A   G
Oh won't you show me the way, yeah.
     A   Bm   A   G   G6/A
I want you... show me the way.

Link 1 | D | Dmaj7 | Bm | B♭6 C ‖

Verse 2

     D   Dmaj7
Well I can see no reason, you're living on your nerves,
     Bm   B♭6   C
When someone drops a cup and I submerge.
     D   Dmaj7
I'm swimming in a circle, I feel I'm going down,
Bm   B♭6
There has to be a fool to play   my part.
A7sus4   G
Someone thought of healing but all I really want to know…

Chorus 2

    A   **Bm**   **A**   **G**
Oh won't you show me the way,

    A   **Bm**   **A**   **G**
I want you... show me the way.

    A   **Bm**   **A**   **G**   **G6/A**
I want you day after day.

Guitar solo

| D | | D | | Dmaj7 | Dmaj7 | Bm | | Bm | | B♭6 | | B♭6 | C |

| D | | D | | Dmaj7 | Dmaj7 | Bm | | Bm | | G | | G | |

Verse 3

           D   **Dmaj7**
Yeah, I wonder if I'm dreaming, I feel so unashamed,

 Bm   **B♭6**
I can't believe this is happening to me.

   A7sus4
I watch you when you're sleeping

         G
And then I want to take your love.

Chorus 3

      A   **Bm**   **A**   **G**
‖:Oh won't you show me the way, everyday.

    A   **Bm**   **A**   **G**
I want you.. show me the way,

    A   **Bm**   **G**
I want you day after day.

    A   **Bm**   **G**   **G6/A**
I want you day after day.   :‖ *repeat to fade*

S.O.S.

Words & Music by
Benny Andersson, Björn Ulvaeus & Stig Anderson

Dm   C#dim   F   C   Gm   A/C#

C/E   Bb   Bbmaj7/F   Db   Eb   Dm/A   A7

Intro ‖: Dm | Dm | Dm | Dm :‖

Verse 1

Dm   C#dim
  Where are those happy days?
                Dm
They seem so hard to find.
         C#dim
I try to reach for you,
                Dm
But you have closed your mind.
F   C
  Whatever happened to our love?
Gm   Dm
  I wish I understood,
         C#dim
It used to be so nice,
         Dm A/C# Dm C/E | F Gm F C/E ‖
It used to be so good.

Chorus 1

F   C
  So when you're near me,
 Gm   Bb
Darling can't you hear me,
 F   Bbmaj7/F   F | F Bbmaj7/F   F |
S. __ O. S.
         C
The love you gave me,
 Gm   Bb
Nothing else can save me,
 F   Bbmaj7/F   F
S. __ O. S.

cont.

            B♭
When you're gone,
           D♭   **E♭**   **F**
How can I __ even try to go on?
            B♭
When you're gone,
         D♭   **E♭**   **F**
Though I try, how can I __ carry on?

Verse 2

   Dm   **C♯dim**
   You seem so far away,
                  Dm
Though you are standing near.
            C♯dim
You made me feel alive,
             Dm
But something died I fear.
F   **C**
   I really tried to make it out,
Gm   **Dm**
   I wish I understood.
            C♯dim
What happened to our love,
         Dm A/C♯ Dm C/E | **F Gm F C/E** ‖
It used to be so good?

Chorus 2   As Chorus 1

Link | **Dm/A** | **A⁷** | **Dm/A** | **Dm/A** | **A⁷** | **Dm A/C♯ F C/E**‖

Chorus 3   As Chorus 1

Outro

F   **B♭**
  When you're gone,
          D♭   **E♭**   **F**
How can I __ even try to go on?
           B♭
When you're gone,
        D♭   **E♭**   **F**
Though I try, how can I __ carry on?

| **Dm** | **Dm** | **Dm** ‖

Stop Your Sobbing

Words & Music by
Ray Davies

Dsus2   Asus2   Esus4   E   Bm11/F♯

Capo third fret

Verse 1

N.C.   Dsus2
It is time for you to stop all of your sobbing,

    Asus2   Esus4   E
Yes it's time for you to stop all of your sobbing, oh-oh.

    Dsus2   E
There's one thing you gotta do

    Dsus2   E
To make me still want you:

N.C.   Asus2
Gotta stop sobbing now oh, gotta stop sobbing now,

    Dsus2   Asus2   E
Yeah, yeah, stop it, stop it, stop it, stop it.

Verse 2

    N.C. Asus2   N.C.   Dsus2
It is time   for you to laugh instead of crying;

    Asus2   Esus4   E
Yes, it's time for you to laugh so keep on trying, oh-oh.

    Dsus2   E
There's one thing you gotta do

    Dsus2   E
To make me still want you:

N.C.   Asus2
Gotta stop sobbing now oh, gotta stop sobbing now,

    Dsus2   Asus2
Yeah, yeah, stop it, stop it, stop it, stop it.

Bridge

E   Dsus2   E
Each little tear that falls from your eyes

                 Bm11/F♯
Makes, makes me want to take you in my arms and tell you

       E
To stop all your sobbing.

Instrumental	Asus²	Asus²	Dsus²	Dsus²	
	Asus²	Asus²	E	E	‖

Verse 3

           Dsus²   **E**
There's one thing you gotta do
   Dsus²   **E**
To make me still want you,
             Dsus²   **E**
And there's one thing you gotta know
   Dsus²   **E**
To make me want you so.

Coda

N.C.   **Asus²**
Gotta stop sobbing now oh,
                            Dsus²
Gotta stop sobbing now, oh, yeah, yeah.
                Asus²
‖: Stop it, stop it, stop it, stop it.
              Dsus²
Gotta stop sobbing now-oh,

Gotta stop sobbing now-oh. :‖   *Repeat to fade*
                                                with vocal ad lib.

Take It Easy

Words & Music by
Jackson Browne & Glenn Frey

| G | C | D⁷sus⁴ | D | Em | Am | G⁷ |

Tune guitar slightly flat

Intro

‖: G | G | C | D⁷sus⁴ :‖ G | G ‖

Verse 1

           G
Well I'm a-runnin' down the road tryin' to loosen my load,
          D   C
I've got seven women on my mind.
G   D
Four that wanna own me, two that wanna stone me,
  C   G
One says she's a friend of mine.

Chorus 1

         Em   C   G
Take it easy, take it ea - sy,
           Am   C   Em
Don't let the sound of your own wheels drive you crazy.
          C   G   C   G
Lighten up while you still can, don't even try to understand,
         Am   C   G
Just find a place to make your stand and take it easy.

| G | G ‖

Verse 2

           G
Well I'm a-standin' on a corner in Winslow, Arizona,
              D   C
And such a fine sight to see;
         G   D
It's a girl, my Lord, in a flat-bed Ford,
        C   G
Slowin' down to take a look at me.

Chorus 2

       Em **D**   **C** **G**
Come on, baby, don't say may - be,

    Am   **C**   **Em**
I gotta know if your sweet love is gonna save me.

     C   **G**   **C**   **G**
We may lose and we may win, though we will never be here again,

    Am   **C**
So open up, I'm climbin' in,

     G
So take it easy.

Instrumental | **G** | **G** | **G D** | **C** | **G** | **D** | **C** | **G** |

        | **Em** | **D** | **C** | **G** | **Am** | **C** | **Em** | **Em D** ‖

Verse 3

         G
Well, I'm a-runnin' down the road, tryin' to loosen my load,

           D   **Am**
Got a world of trouble on my mind.

    G   **D**
Lookin' for a lover who won't blow my cover,

     C   **G**
She's so hard to find.

Chorus 3

       Em   **C** **G**
Take it easy, take it ea - sy,

         Am   **C**   **Em**
Don't let the sound of your own wheels make you crazy.

        C **G**   **C** **G**
Come on, ba - by, don't say may - be,

      Am   **C**
I gotta know if your sweet love

       G
Is gonna save me.

Outro ‖: **C** | **C** | **G** | **G7** :‖ *Play 4 times*
      With vocal ad lib.

       | **C** | **C** | **Em** ‖

Take Me To The River

Words & Music by
Al Green & Mabon Hodges

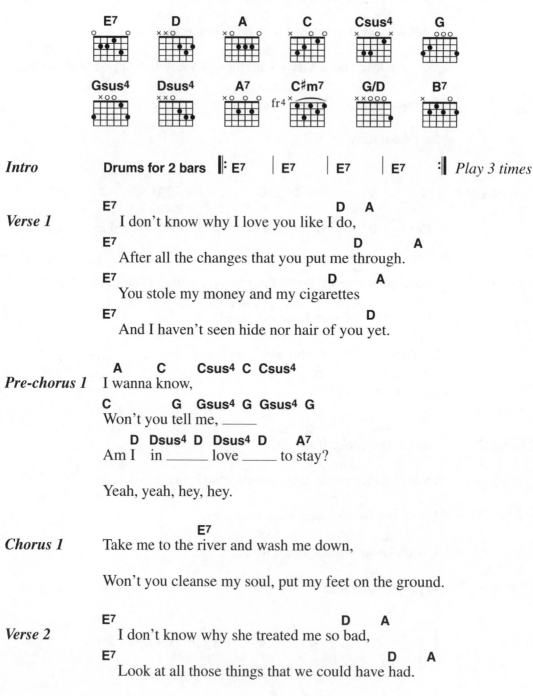

Intro   Drums for 2 bars ‖: E7 │ E7 │ E7 │ E7 :‖ *Play 3 times*

Verse 1
E7   D A
I don't know why I love you like I do,
E7   D   A
After all the changes that you put me through.
E7   D   A
You stole my money and my cigarettes
E7   D
And I haven't seen hide nor hair of you yet.

Pre-chorus 1
A   C   Csus4 C Csus4
I wanna know,
C   G   Gsus4 G Gsus4 G
Won't you tell me, _____
     D Dsus4 D Dsus4 D   A7
Am I   in _____ love _____ to stay?

Yeah, yeah, hey, hey.

Chorus 1
                        E7
Take me to the river and wash me down,

Won't you cleanse my soul, put my feet on the ground.

Verse 2
E7   D   A
I don't know why she treated me so bad,
E7   D   A
Look at all those things that we could have had.

cont.

E⁷
Love is a notion that I can't forget,   D   A

E⁷
My sweet sixteen I will never regret.   D

Pre-chorus 2

A   C   Csus⁴ C Csus⁴
I wanna know,

C   G Gsus⁴ G Gsus⁴ G
Oh won't you tell me, _____

D Dsus⁴ D Dsus⁴ D   A⁷
Am I   in _____ love _____ to stay? Yeah, yeah.

Instrumental ‖: E⁷ | E⁷ | E⁷ | E⁷   :‖

Middle

C♯m⁷   A⁷   C♯m⁷   A⁷
Hold me, love me, please me, tease me

G/D   B⁷ | E⁷ |
Till I can't, till I can't take no more,

E⁷ | E⁷ | E⁷ | E⁷ | E⁷ | E⁷ ‖
Take me to the river.

Verse 3

E⁷
I don't know why I love you like I do,   D A

E⁷
After all the things that you put me through.   D   A

E⁷
The sixteen candles that burn on my wall   D   A

E⁷
Turning me into the biggest fool of them all.   D

Pre-chorus 3

A   C   Csus⁴ C Csus⁴
I wanna know,

C   G Gsus⁴ G Gsus⁴ G
Baby tell me, _____

D Dsus⁴ D Dsus⁴ D   A⁷
Am I   in _____ love _____ to stay? Hey, hey, hey .

Outro

E⁷
I wanna know, take me to the river.

I wanna know, I want you to dip me in the water.

I wanna know,

‖: Wash me in the water. :‖ *Repeat to fade*

Teenage Kicks

Words & Music by
John O'Neill

Chord diagrams: **D** fr10, **C#m** fr9, **Bm** fr7, **A** fr5, **G** fr3, **G#** fr4

Intro

‖: D │ D   C# │ Bm │ Bm   C# :‖

Verse 1

D   C#
A teenage dream so hard to beat
Bm   C#
Every time she walks down the street.
D   C#
Another girl in the neighbourhood;
Bm   A
Wish she was mine, she looks so good.

Chorus 1

G
I wanna hold her, wanna hold her tight
G#   A
Get teenage kicks right through the night.

Verse 2

D   C#
I'm gonna call her on the telephone,
Bm   C#
Have her over 'cause I'm all alone.
D   C#
I need excitement, oh I need it bad
Bm   A
And it's the best I've ever had.

Chorus 2

G
I wanna hold her, wanna hold her tight
G#   A
Get teenage kicks right through the night.

Link

‖: D │ D   C# │ Bm │ Bm   C# :‖

                    D   **C♯**
Verse 3   A teenage dream so hard to beat
                    Bm   **C♯**
                    Every time she walks down the street.
                    D   **C♯**
                    Another girl in the neighbourhood;
                    Bm   **A**
                    Wish she was mine, she looks so good.

                    G
Chorus 3   I wanna hold her, wanna hold her tight
                    G♯ A
                    Get teenage kicks right through the night.

                    D   **C♯**
Verse 4   I'm gonna call her on the telephone,
                    Bm   **C♯**
                    Have her over 'cause I'm all alone.
                    D   **C♯**
                    I need excitement, oh I need it bad
                    Bm   **A**
                    And it's the best I've ever had.

                    G
Chorus 4   I wanna hold her, wanna hold her tight
                    G♯ A
                    Get teenage kicks right through the night.

Guitar solo | **D** | **D**   **C♯** | **Bm** | **Bm**   **C♯** |

                    | **D** | **D**   **C♯** | **Bm** | **Bm**   **A** ||

                    G
Chorus 5   I wanna hold her, wanna hold her tight
                    G♯ A
                    Get teenage kicks right through the night.

Coda | **D   G** | **A   D**   ‖

2-4-6-8 Motorway

Words & Music by
Tom Robinson

A   E/G♯   E   D/F♯   D

Intro
| A | A | A | A ‖

‖: A | E/G♯ | D/F♯ E/G♯ | A :‖

Verse 1

A   E/G♯
Drive my truck midway to the motorway station,
D/F♯   E   A
Fair-lane cruiser coming up on the left-hand side.

                                     E/G♯
Headlights shining, driving rain on the window frame,
D/F♯   E   A
Little young lady stardust hitching a ride.

Chorus 1

            A   E/G♯
And it's two-four-six-eight, it's never too late,
D/F♯   E/G♯   A
Me and my radio trucking on through the night.
                           E/G♯
Three-five-seven-nine, on a little white line,
D/F♯   E/G♯   A
Motorway sun coming up with the morning light.

Verse 2

A   E/G♯
Whizz-kid sitting pretty on your two-wheel stallion,
D/F♯   E   A
This old ten-ton lorry got a bead on you.

                                  E/G♯
Ain't no use setting off with a bad companion,
D/F♯   E   A
Ain't nobody got the better of you know who.

Chorus 2   As Chorus 1

Guitar solo　‖: A ｜ E/G♯ ｜ D/F♯ E ｜ A ：‖

Verse 3

        A   **E/G♯**
Well, there ain't no route you can choose to lose the two of us,

     D/F♯   **E**   **A**
Ain't nobody know when you're acting right or wrong.

                           E/G♯
No-one knows if a roadway's leading nowhere,

     D/F♯   **E**   **A**
Gonna keep on driving on the road I'm on.

Chorus 3

         A   **E/G♯**
‖: And it's two-four-six-eight, it's never too late,

D/F♯   **E/G♯**   **A**
Me and my radio trucking on through the night.

                     E/G♯
Three-five-seven-nine, on a little white line,

D/F♯   **E/G♯**   **A**
Motorway sun coming up with the morning light. ：‖

Link 1

                     E   **A**
Motorway sun coming up with the morning light,

                                 E   **D**
That same old motorway sun coming up with the morning light.

Guitar solo　‖: A ｜ E/G♯ ｜ D/F♯ E ｜ A ：‖

Outro

         A   **E/G♯**
‖: And it's two-four-six-eight, it's never too late,

D/F♯   **E/G♯**   **A**
Me and my radio trucking on through the night.

                     E/G♯
Three-five-seven-nine, on a little white line,

D/F♯   **E/G♯**   **A**
Motorway sun coming up with the morning light. ：‖ *Repeat to fade*

Up Around The Bend

Words & Music by
John Fogerty

Intro

‖: D | D | A | D :‖

Verse 1

D
There's a place up ahead and I'm going
A   D
Just as fast as my feet can fly.

Come away, come away if you're going,
A   D
Leave the sinking ship behind.

Chorus 1

G   D/F♯ A
Come on the rising wind
        G   D   A
We're going up around the bend.

Verse 2

D
Bring a song and a smile for the banjo,
A   D
Better get while the getting's good.

Hitch a ride to the end of the highway
A   D
Where the neons point to wood.

Chorus 2

G   D/F♯ A
Come on the rising wind
        G   D   A
We're going up around the bend.

Verse 3

    D
    You can ponder perpetual motion,

A   **D**
    Fix your mind on a crystal day.

    Always time for a good conversation,

A   **D**
    There's an ear for what you say.

Chorus 3

G   **D/F♯** **A**
Come on the rising wind

      G   **D**   **A**
We're going up around the bend.

Link

| **D** | **D** | **A** | **D** | |

| **G** **D/F♯** | **A** | **G** **D** | **A** | **A** | |

Verse 4

    D
    Catch a ride to the end of the highway

A   **D**
    And we'll meet by the big red tree.

    There's a place up ahead and I'm going

A   **D**
    Come along, come along with me.

Chorus 4

G   **D/F♯** **A**
Come on the rising wind

      G   **D**   **A**
We're going up around the bend.

Coda

| **D** | **D** | **A** | **D** | *Repeat to fade*

Sultans Of Swing

Words & Music by
Mark Knopfler

Dm   **C**   **B♭**   **A**   **F**

Intro   ‖: Dm | Dm | Dm | Dm :‖

Verse 1

          Dm   C   B♭   A
You get a shiver in the dark, it's a-rainin' in the park, but meantime
Dm   C   B♭   A
   South of the river, you stop and you hold everything.
F   C
   A band is blowin' dixie, double four time,
B♭   Dm B♭ C
   You feel alright when you hear that music ring.

Verse 2

                 Dm   C   B♭   A
Well now you step inside but you don't see too many faces
Dm   C   B♭   A
   Comin' in out of the rain to hear the jazz go down.
F   C
   Competition in other places,
B♭   Dm   B♭
   Oh, but the horns, they're blowin' that sound.
C   B♭
   Way on down South,
C   Dm   C B♭ C
   Way on down South in London town.

Link | Dm C | B♭ | C | C ‖

Verse 3

            Dm   C B♭   A
You check out Guitar George,   he knows all the chords,
Dm   C   B♭   A
   Mind he's strictly rhythm, he doesn't want to make it cry or sing.
F   C
   Yes, and an old guitar is all he can afford
B♭   Dm   B♭ C
   When he gets up under the lights to play his thing.

Verse 4

```
Dm                    C    Bb            A
    And Harry doesn't mind   if he doesn't   make the scene,
Dm                    C       Bb    A
    He's got a day-time job, he's doing alright.
F                             C
    He can play the honky-tonk like anything,
Bb                        Dm     Bb  C
    Savin' it up for Friday night
                      Bb  C
With the Sultans,
                  Dm   C | Bb      | C       | C       ||
We're the Sultans of Swing
```

Link

```
| Dm   C | Bb      | C       | C       ||
```

Verse 5

```
    Dm                        C     Bb        A
Then a crowd of young boys they're foolin' around in the corner,
Dm                        C
    Drunk and dressed in their best brown baggies
Bb             A
And their platform soles.
F                         C
    They don't give a damn about any trumpet playin' band,
Bb                        Dm    Bb
    It ain't what they call rock'n'roll.
C                  Bb
    Then the Sultans,
C                      Dm   C | Bb    C | C       | C       ||
    Yeah the Sultans play creole.
```

Link

```
| Dm   C | Bb      | C       | C       ||
```

Solo 1

```
||: Dm     | C   Bb  | A       | A       :||

|  F       | F       | C       | C       |

|  Bb      | Bb      | Dm      | Dm   Bb |

|  C       | C   Bb  | C       | C       |

||: Dm  C  | Bb      | C       | C       :||
```

Verse 6

| Dm | | | C | B♭ | A |
| And then the man he steps right up to the microphone |

| Dm | | C | | B♭ | A |
| And says at last just as the time bell rings, |

| F | | | C |
| "Goodnight, now it's time to go home." |

| B♭ | | | | | Dm B♭ |
| Then he makes it fast with one more thing. |

| C | | B♭ |
| We are the Sultans, |

| C | | | Dm C | B♭ | C | C | ‖ |
| We are the Sultans of swing. |

Link | Dm C | B♭ | C | C   ‖

Solo 2   ‖: Dm C | B♭ | C | C   :‖ *Repeat to fade*

Vincent

Words & Music by
Don McLean

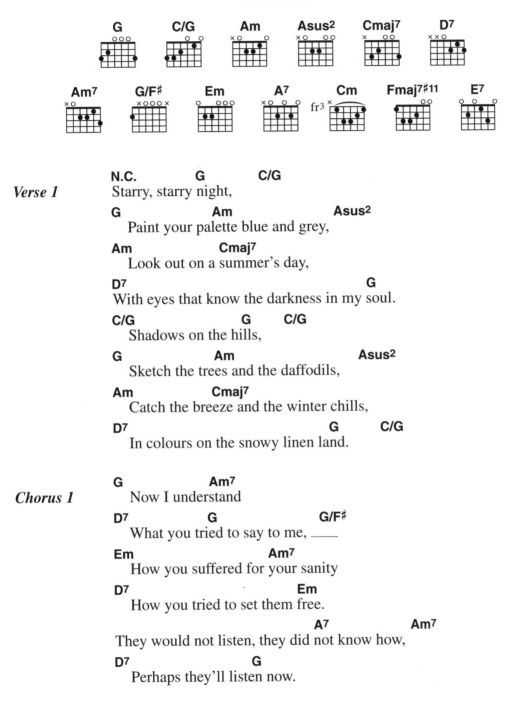

Verse 1

    N.C.   **G**   **C/G**
Starry, starry night,

G   **Am**   **Asus²**
  Paint your palette blue and grey,

Am   **Cmaj⁷**
  Look out on a summer's day,

D⁷   **G**
With eyes that know the darkness in my soul.

C/G   **G**   **C/G**
  Shadows on the hills,

G   **Am**   **Asus²**
  Sketch the trees and the daffodils,

Am   **Cmaj⁷**
  Catch the breeze and the winter chills,

D⁷   **G**   **C/G**
  In colours on the snowy linen land.

Chorus 1

    G   **Am⁷**
  Now I understand

D⁷   **G**   **G/F♯**
  What you tried to say to me, ___

Em   **Am⁷**
  How you suffered for your sanity

D⁷   **Em**
  How you tried to set them free.

                                        A⁷   **Am⁷**
They would not listen, they did not know how,

D⁷   **G**
  Perhaps they'll listen now.

Verse 2

    N.C.   G   C/G
Starry, starry night,

G   Am   Asus2
  Flaming flowers that brightly blaze,

Am   Cmaj7
  Swirling clouds in violet haze,

D7   G
  Reflect in Vincent's eyes of china blue.

C/G   G   C/G
  Colours changing hue,

G   Am   Asus2
  Morning fields of amber grain,

Am   Cmaj7
  Weathered faces lined in pain,

    D7   G
Are soothed beneath the artist's loving hand.

Chorus 2

G   Am7
  Now I understand

D7   G   G/F♯
  What you tried to say to me, ____

Em   Am7
  How you suffered for your sanity

D7   Em
  How you tried to set them free.

                       A7   Am7
They would not listen, they did not know how,

D7   G
  Perhaps they'll listen now.

Middle

           Am7
For they could not love you,

D7   G   G/F♯
  Still your love was true;

Em   Am
  And when no hope was left inside

           Cm
On that starry, starry night

     G   Fmaj7♯11   E7
You took your life as lovers often do;

      Asus2
But I could have told you Vincent

Cmaj7   D7   G
  This world was never meant for one as beautiful as you.

Verse 3

N.C.   **G**   **C/G**
Starry, starry night,

G   **Am**   **Asus2**
   Portraits hung in empty halls,

Am   **Cmaj7**
   Frameless heads on nameless walls,

D7   **G**
   With eyes that watch the world and can't forget.

                       C/G
Like the strangers that you've met,

G   **Am**   **Asus2**
   The ragged men in ragged clothes,

Am   **Cmaj7**
   The silver thorn of bloody rose,

  D7   **G**
Lie crushed and broken on the virgin snow.

Chorus 3

           Am7   **D7**
Now I think I know ____

           G   **G/F♯**
What you tried to say to me,

Em   **Am7**
   And how you suffered for your sanity,

D7   **Em**
   How you tried to set them free.

                A7   **Am7**
They would not listen, they're not listening still,

D7   **G**   **C/G**   **G**
Perhaps they never will.

Video Killed The Radio Star

Words & Music by
Geoffrey Downes, Trevor Horn & Bruce Woolley

Dm/F   C/E*   Dm7   Am7   G   C/E   F   G

C   Fadd9   G/B   F/A   Am   E/G#   C/G   Fsus2

Capo first fret

Intro | Dm/F | C/E* | Dm7 | Am7 | Dm/F | C/E* | Dm7 | G ||

Verse 1

   C/E   F   Gsus4   G
I heard you on the wireless back in fifty-two,

   C/E   F   Gsus4   G
Lying awake intently tuning in on you,

   C/E   F   Gsus4   G
If I was young it didn't stop you coming through.

   C/E F   Gsus4 G
(Oh   oh.)

Verse 2

   C/E   F   Gsus4   G
They took the credit for your second symphony

   C/E   F   Gsus4   G
Re-written by machine on new technology,

   C/E   F   Gsus4   G
And now I understand the problems you could see.

Pre-chorus 1

   C/E F Gsus4   G
(Oh oh)   I met your children,

   C/E F Gsus4   G
(Oh oh)   What did you tell them?

Chorus 1

   C   Fadd9   C   Fadd9
Video killed the radio star, video killed the radio star.

   C   G/B   F/A
Pictures came and broke your heart.

   Gsus4   Am
(Oh oh oh oh oh.)

Verse 3

    C/E   F   Gsus4   G
And now we meet in an abandoned studio,

    C/E   F   Gsus4   G
We hear the playback and it seems so long ago,

    C/E   F   Gsus4   G
And you remember the jingles used to go:

Pre-chorus 2

    C/E F Gsus4   G
(Oh   oh)   You were the first one,

    C/E F Gsus4   G
(Oh   oh)   You were the last one.

Chorus 2

    C   Fadd9   C   Fadd9
Video killed the radio star, video killed the radio star.

    C   G/B   F/A
In my mind and in my car

      C   G/B   F/A
We can't rewind, we've gone too far.

    Gsus4   Am
(Oh oh oh oh oh.)

    Gsus4   Am
(Oh oh oh oh oh.)

Instrumental ‖: F   G | C/E F :‖ F   G | E/G♯ Am |

          | Dm/F | C/G | Dm7 | G   Am | F Am F G ‖

Chorus 3

    C   Fadd9   C   Fadd9
Video killed the radio star, video killed the radio star.

    C   G/B   F/A
In my mind and in my car

      C   G/B   F/A
We can't rewind, we've gone too far.

    C   G/B   F/A
Pictures came and broke your heart,

    C/G   G   Fsus2
Put the blame on VCR.

Coda

          C/E F Gsus4 G   C/E   F Gsus4 G
‖: You are _____ the radio star. _____ :‖

          C   Fadd9
‖: Video killed the radio star. :‖ *Play 4 times*

            C   Fadd9   C   Fadd9
{ ‖: Video killed the radio star. Video killed the radio star. :‖
    You are _____ a radio star. _____

                                         Repeat to fade

Virginia Plain

Words & Music by
Bryan Ferry

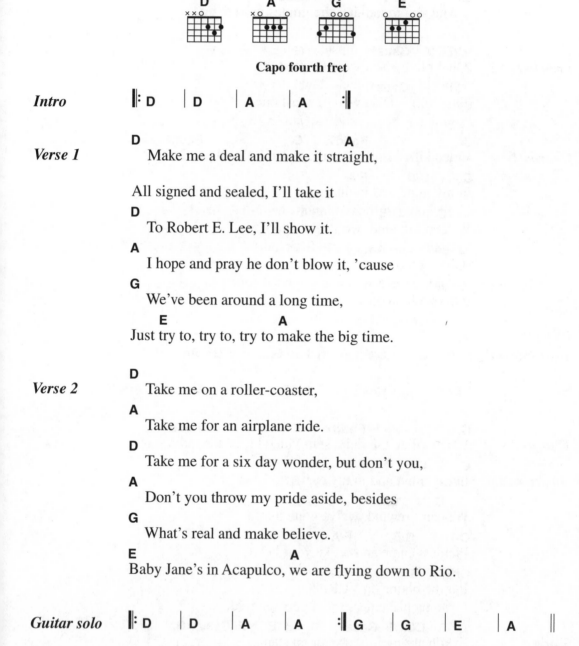

Capo fourth fret

Intro

‖: D | D | A | A :‖

Verse 1

D   A
Make me a deal and make it straight,

All signed and sealed, I'll take it
D
To Robert E. Lee, I'll show it.
A
I hope and pray he don't blow it, 'cause
G
We've been around a long time,
  E   A
Just try to, try to, try to make the big time.

Verse 2

D
Take me on a roller-coaster,
A
Take me for an airplane ride.
D
Take me for a six day wonder, but don't you,
A
Don't you throw my pride aside, besides
G
What's real and make believe.
E   A
Baby Jane's in Acapulco, we are flying down to Rio.

Guitar solo ‖: D | D | A | A :‖ G | G | E | A ‖

Verse 3

D   A
Throw me a line, I'm sinking fast,

Clutching at straws, can't make it.
D
Havana sound, we're trying
A
Hard edge, the hipster jiving.
G
Last picture show's down the drive-in.
E
You're so sheer, you're so chic,
A
Teenage rebel of the week.

Verse 4

D
Flavours of the mountain steamline,
A
Midnight blue casino floors.
D
Dance the cha-cha through till sunrise.
A
Opens up exclusive doors, oh wow!
G
Just like flamingos look the same,
   E
So me and you, just we two,
A
Got to search for something new.

Instrumental | A | A | A | D | A |

‖: D | A | D | A   :‖   *Play 3 times*

Verse 5

D
Far beyond the pale horizon,
A
Some place near the desert sand.
D
Where my Studebaker takes me,
A
That's where I'll make my stand, but wait,
G
Can't you see that Holzer mane?
E
What's her name? Virginia Plain.

Whole Lotta Rosie

Words & Music by
Bon Scott, Angus Young & Malcolm Young

A5   D5   F5   G5   D/F#   G#5

Intro   ‖: A5   D5   A5 | N.C. | A5   D5   A5 | N.C.   :‖

| A5   D5   A5 | N.C. |
Wanna tell you story,

| A5   D5   A5 | N.C. |
'Bout a woman I know.

| A5   D5   A5 | N.C. |
Ah, come to lovin',

| A5   D5   A5 | N.C. |
She steals the show.

| A5   D5   A5 | N.C. |
She ain't exactly pretty,

| A5   D5   A5 | N.C. |
Ain't exactly small.

| A5   D5   A5 | N.C. |
Fort'-two, thirty-nine, fifty-six,

You can say she's got it all.

| A5   D5   A5 | A5 | A5   D5   A5 |

Link 1   ‖: A5 | A5   D5   A5 :‖   *Play 3 times*

Verse 1
A5
Never had a woman,
          D5   A5 | A5   D5   A5 |
Never had a woman like you.

Doin' all the things,
          D5   A5 | A5   D5   A5 |
Doin' all the things you do.

cont.

                                           D5 A5
Ain't no fairy story,

                                          D5
Ain't no skin and bones.

           A5
But you give it all you got,

                     D5   **A5**
Weighin' in at nineteen stone.

Chorus 1

A5   **F5**
  You're a whole lotta woman,

                 D5
A whole lotta woman.

               A5   **G5**
Whole lotta Rosie,

               A5   **G5**
Whole lotta Rosie,

               A5   **G5**
Whole lotta Rosie,

                          G5   **D/F♯** **G5** | **G5 D/F♯ G5 G♯5** ‖
And you're a whole lotta woman.

Link 2 | **A5** | **A5**   **D5**   **A5** | **A5** |

Verse 2

A5 D5   **A5**
     Oh! Honey you can do it,

                  D5   **A5** | **A5** **D5** **A5**|
Do it to me all night long.

Only one to turn,

                  D5   **A5** | **A5** **D5** **A5** |
Only one to turn me on.

                           D5 **A5**
All through the night time

                           D5 **A5**
And right round the clock,

             D5
To my surprise,

A5
Rosie never stops.

Chorus 2   As Chorus 1

Guitar solo   ‖: A5 | A5   D5   A5 | A5 | A5   D5   A5 :‖   *Play 3 times*

| A5 | A5   D5   A5 | A5 | A5 |

| F5 | F5 | D5 | D5   ‖

‖: A5 N.C. | A5   D5   A5 :‖   *Play 6 times*

| N.C. | N.C. | N.C.   A5 | A5   D5   A5 ‖

‖: A5 | A5   D5   A5 | A5 | A5   D5   A5 :‖   *Play 3 times*

| A5 | A5   D5   A5 | A5   ‖

Chorus 3

A5   F5
Oh, you're a whole lotta woman,

          D5
A whole lotta woman.

          A5   G5
Whole lotta Rosie,

          A5   G5
Whole lotta Rosie,

                      A5
Still a a whole lotta Rosie.

          G5   D/F♯ G5   D/F♯
Whole lotta woman, na   na, na, na,

G5   G♯5   A5
Yeah, yeah, yeah, yeah.

     D5   A5
Whole lotta Rosie,

D5   A5 | A5   D5 A5 ‖
   Whole lotta Woman.

Guitar solo   ‖: A5 | A5   D5   A5 | A5 | A5   D5   A5 :‖   *Play 7 times*
W/vocal ad libs.

| A5 | A5 | A5 | A5 |

| G5 | G5 | A5 | A5 |

| G5 | G5   A5 | A5 | A5 | A5 | A5 |

| A5 | A5 | A5 | A5 | A5   ‖

Won't Get Fooled Again

Words & Music by
Pete Townshend

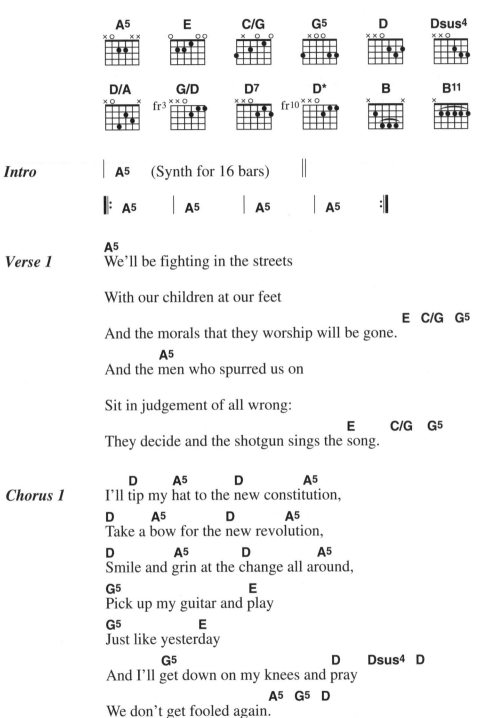

A5　**E**　**C/G**　**G5**　**D**　**Dsus4**

D/A　fr3 **G/D**　**D7**　fr10 **D***　**B**　**B11**

Intro　　| A5　(Synth for 16 bars)　‖

‖: A5　| A5　| A5　| A5　:‖

Verse 1

A5
We'll be fighting in the streets

With our children at our feet

                                                     E　C/G　G5
And the morals that they worship will be gone.

            A5
And the men who spurred us on

Sit in judgement of all wrong:

                                    E　　C/G　G5
They decide and the shotgun sings the song.

Chorus 1

         D　　A5　　　D　　　A5
I'll tip my hat to the new constitution,

D　　　A5　　　D　　　A5
Take a bow for the new revolution,

D　　　A5　　　D　　　A5
Smile and grin at the change all around,

G5　　　　　　　　　　E
Pick up my guitar and play

G5　　　　　E
Just like yesterday

        G5　　　　　　　　　　　D　　Dsus4　D
And I'll get down on my knees and pray

                  A5　G5　D
We don't get fooled again.

Link |: A⁵ G⁵ D | A⁵ | D/A | A⁵ | D/A ||

Verse 2
A⁵
The change it had to come,

We knew it all along,
                                        E C/G G⁵
We were liberated from the fold, that's all.
            A⁵
And the world looks just the same

And history ain't changed
                                                E   C/G   G⁵
'Cause the banners all were flown in the last war.

Chorus 2
        D   A⁵   D   A⁵
I'll tip my hat to the new constitution,
D   A⁵   D   A⁵
Take a bow for the new revolution,
D   A⁵   D   A⁵
Smile and grin at the change all around,
G⁵   E
Pick up my guitar and play
G⁵   E
Just like yesterday
            G⁵   D   G/D D G/D D⁷
And I'll get down on my knees and pray
        D*   A⁵ | G⁵ D | A⁵ | G⁵ ||
We don't get fooled again.

Link |: A⁵ | A⁵ D⁵ | A⁵ | A⁵ D⁵ :|

          |: A⁵ | D/A | A⁵ | D/A   :|

Bridge
        B
I'll move myself and my family aside,
E
If we happen to be left half alive;
        A⁵
I'll get all my papers and smile at the sky
            B   B¹¹
Though I know that the hypnotised never lie.

Link |: B | B A⁵ E | B | B A⁵ E :|

Solo   ‖: B | B | B | B :‖   *Play 4 times*

‖: A5 | G5 D | A5 | G5 D :‖

Verse 3

A5   Dsus4 D
There's nothing in the street

              Dsus4 D
Looks any different to me,

              Dsus4 D   E C/G G5
And the slogans are replaced,   by-the-bye.

A5
And the parting on the left

Is now the parting on the right,

                     E   C/G G5
And the beards have all grown longer over night.

Chorus 3   As Chorus 1

A5
Don't get fooled again.

A5   D/A | A5 | D/A | A5 | G5 ‖
No, no!

Instrumental   ‖: A5 | D/A | A5 | D/A :‖‖: A5 | G5 D | A5 | A5

| A5 | A5 | A5 | A5 D | A5 | G5 D | A5 | A5 | A5

| A5 | A5 | A5 | A5 ‖ N.C. (Ad lib. synth passage)

Coda

A5   G5 D A5 G5 D
Yeah! _____

A5   G5 D
Meet the new boss,

A5   G5 D
Same as the old boss.

Outro

| A5 | A5 G5 D | A5 | A5 G5 D |

| A5 | A5 G5 D | A5 | D G5 D |

| A5 | A5 D/A | A5 | A5 D/A |

| A5 | A5 | A5 | A5 ‖

Waiting In Vain

Words & Music by
Bob Marley

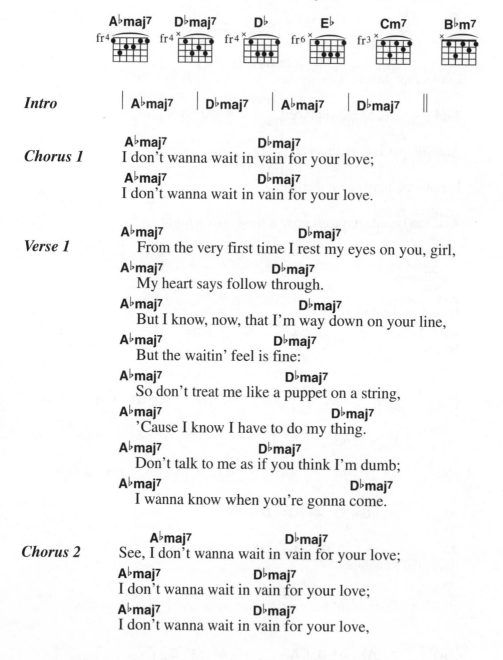

Intro | A♭maj7 | D♭maj7 | A♭maj7 | D♭maj7 ‖

Chorus 1

A♭maj7　　　　　　　D♭maj7
I don't wanna wait in vain for your love;
A♭maj7　　　　　　　D♭maj7
I don't wanna wait in vain for your love.

Verse 1

A♭maj7　　　　　　　　　　D♭maj7
From the very first time I rest my eyes on you, girl,
A♭maj7　　　　　　　　D♭maj7
My heart says follow through.
A♭maj7　　　　　　　　　D♭maj7
But I know, now, that I'm way down on your line,
A♭maj7　　　　　　　D♭maj7
But the waitin' feel is fine:
A♭maj7　　　　　　　D♭maj7
So don't treat me like a puppet on a string,
A♭maj7　　　　　　　　　　D♭maj7
'Cause I know I have to do my thing.
A♭maj7　　　　　　　D♭maj7
Don't talk to me as if you think I'm dumb;
A♭maj7　　　　　　　　　　D♭maj7
I wanna know when you're gonna come.

Chorus 2

　　　A♭maj7　　　　　　　D♭maj7
See, I don't wanna wait in vain for your love;
A♭maj7　　　　　　　D♭maj7
I don't wanna wait in vain for your love;
A♭maj7　　　　　　　D♭maj7
I don't wanna wait in vain for your love,

Bridge

        D♭   E♭
'Cause if summer is here,

Cm7   B♭m7
I'm still waiting there;

D♭   E♭
   Winter is here,

      Cm7   B♭m7
And I'm still waiting there.

Solo

| A♭maj7 | D♭maj7 | A♭maj7 | D♭maj7 |

| A♭maj7 | D♭maj7 | A♭maj7 | D♭maj7 ‖

                  Like I said:

Verse 2

A♭maj7   D♭maj7
  It's been three years since I'm knockin' on your door,

A♭maj7   D♭maj7
  And I still can knock some more:

A♭maj7   D♭maj7
Ooh girl, ooh girl, is it feasible? I wanna know now,

A♭maj7   D♭maj7
  For I to knock some more.

        A♭maj7   D♭maj7
Ya see, in life I know there's lots of grief,

A♭maj7   D♭maj7
  But your love is my relief:

A♭maj7   D♭maj7
Tears in my eyes burn, tears in my eyes burn

        A♭maj7   D♭maj7
While I'm waiting, while I'm waiting for my turn,

See!

Chorus 3

  A♭maj7   D♭maj7
‖: I don't wanna wait in vain for your love;

A♭maj7   D♭maj7
I don't wanna wait in vain for your love, oh! :‖ *Play 4 times*

Coda

  A♭maj7
‖: I don't wanna, I don't wanna, I don't wanna, I don't wanna,

D♭maj7
I don't wanna wait in vain. :‖ *Play 4 times*

        A♭maj7
‖: It's your love that I'm waiting on,

      D♭maj7
It's my love that you're running from. :‖ *Repeat to fade*

Wuthering Heights

Words & Music by
Kate Bush

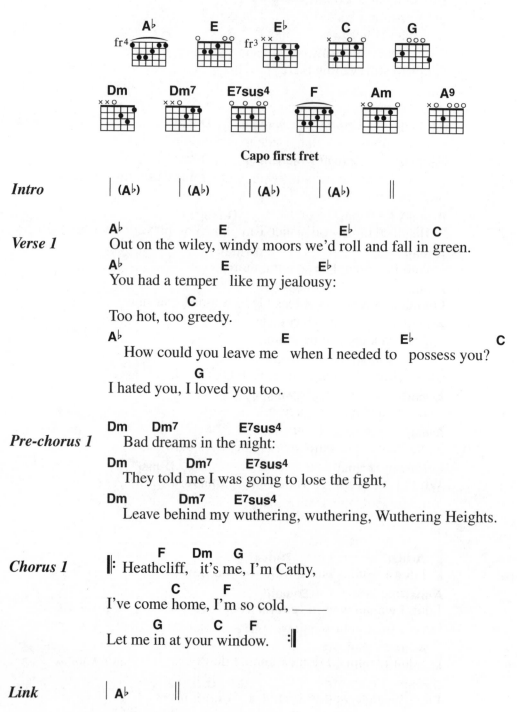

Capo first fret

Intro | (A♭) | (A♭) | (A♭) | (A♭) ||

Verse 1

A♭   E   E♭   C
Out on the wiley, windy moors we'd roll and fall in green.

A♭   E   E♭
You had a temper   like my jealousy:

            C
Too hot, too greedy.

A♭   E   E♭   C
    How could you leave me   when I needed to   possess you?

            G
I hated you, I loved you too.

Pre-chorus 1

Dm   Dm7   E7sus4
   Bad dreams in the night:

Dm   Dm7   E7sus4
   They told me I was going to lose the fight,

Dm   Dm7   E7sus4
   Leave behind my wuthering, wuthering, Wuthering Heights.

Chorus 1

             F   Dm   G
‖: Heathcliff,   it's me, I'm Cathy,

            C   F
I've come home, I'm so cold, _____

            G   C   F
Let me in at your window.   :‖

Link | A♭ ||

Verse 2

    A♭   E   E♭   C
Ooh, it gets dark, it gets lonely, on the other side from you.
    A♭   E   E♭   C
  I pine a lot, I find the lot falls through without you.
    A♭   E
  I'm coming back, love,
                  E♭   C   G
Cruel Heathcliff: my one dream, my only master.

Pre-chorus 2

    Dm   Dm⁷   E⁷sus⁴
  Too long I roam in the night;
    Dm   Dm⁷   E⁷sus⁴
  I'm coming back to his side to put it right;
    Dm   Dm⁷ E⁷sus⁴
  I'm coming home wuthering, wuthering, Wuthering Heights.

Chorus 2

              F   Dm   G
‖: Heathcliff, it's me, I'm Cathy,
           C   F
I've come home, I'm so cold,
      G   C   F
Let me in at your window. :‖

Bridge

    Am   G
Ooh! Let me have it,
          F   Dm   C
Let me grab your soul away.
    Am   G
Ooh! Let me have it,
          F   Dm   C
Let me grab your soul away.
    Am   A⁹   F   Am
You know it's me, Cathy.

Chorus 3

              F   Dm   G
‖: Heathcliff, it's me, I'm Cathy,
           C   F
I've come home, I'm so cold,
      G   C   F
Let me in at your window. :‖
          F   Dm   G
Heathcliff, it's me, I'm Cathy,
           C   F   G   C F
I've come home, I'm so cold. ____

Coda/
Guitar solo

‖: F Dm | G | C | F | F G | C | F   :‖

Repeat ad lib to fade.

187

Ziggy Stardust

Words & Music by
David Bowie

Intro
‖: **G5** **D** | **C add9** **G/B** **Dsus4/A** :‖ *Play 4 times*

Verse 1

      G5   **Bm**   **C**
Ziggy played guitar,   jamming good with Weird and Gilly

                   D
And the spiders from Mars.

                    G   **Em**
He played it left hand but made it too far, ___

               A   **C**
Became the special man, then we were Ziggy's band.

Verse 2

      G   **Bm**   **C**
Ziggy really sang, screwed up eyes and screwed down hairdo

                 D
Like some cat from Japan,

                    G   **Em**
He could lick 'em by smiling, he could leave 'em to hang,

                 Am   **C**
They came on so loaded man, well hung and snow white tan.

Chorus 1

A5 **G5***   **F5**   **G5***
So where were the Spiders

A5   **G5***   **F5**   **G5***
While the fly tried to break our balls?

A5   **G5***   **F5**
Just the beer light to guide us,

        D   **E**
So we bitched about his fans and should we crush his sweet hands?

Link ‖: G5 D | Cadd9 G/B Dsus4/A :‖ *Play 2 times*

Verse 3

G5   Bm   C
  Ziggy played for time, jiving us that we were voodoo.
                          D
The kids were just crass,
              G   Em
He was the nazz with God-given ass.
            Am   C
He took it all too far but boy could he play guitar.

Chorus 2

A5   G5*   F5   G5*
  Making love with his ego,
A5   G5*   F5   G5*
  Ziggy sucked up into his mind.
A5   G5*   F5
  Like a leper messiah
              D   E
When the kids had killed a man I had to break up the band.

Coda

| G5 D | Cadd9 G/B Dsus4/A |

| G5 D | Cadd9 G/B Dsus4/A |
                              (Oh

| G5 D | Cadd9 G/B Dsus4/A | G5 D |
yeah!)   (Ooh - ooh.) —

Csus2 N.C.   G
  Ziggy played guitar. _____

You're So Vain

Words & Music by
Carly Simon

Am7   F   G   Em   C   Dm7   Am   G7add13

Intro   *Whispered:*   **(Am7)** Son of a gun…

| Am7 | Am7 | Am7 | Am7 | Am7 | Am7 ||

Verse 1
        Am7
You walked into the party
            F   **Am7**
Like you were walking onto a yacht,

Your hat strategically dipped below one eye,
        F   **Am7**
Your scarf it was apricot.
        F   **G**   **Em** **Am7**
You had one eye in the mirror as
        F   **C**
You watched yourself gavotte.
          G   **F**
And all the girls dreamed that they'd be your partner,

They'd be your partner and…

Chorus 1
     C
You're so vain,
       Dm7   **C**
You probably think this song is about you.
        Am
You're so vain (you're so vain)
  F   **G7add13**
I bet you think this song is about you,

Don't you, don't you?

Verse 2

        Am⁷
Oh, you had me several years ago
     F   **Am⁷**
When I was still quite naïve;

Well you said that we made such a pretty pair,
     F   **Am⁷**
And that you would never leave.
       F   **G**   **Em**   **Am⁷**
But you gave away the things you loved
     F   **C**
And one of them was me.
         G   **F**
I had some dreams, they were clouds in my coffee,

Clouds in my coffee, and...

Chorus 2

     C
   You're so vain,
      Dm⁷   **C**
You probably think this song is about you.
          Am
You're so vain (you're so vain)
  F   **G⁷add¹³**
I bet you think this song is about you,

Don't you, don't you, don't you?

Guitar solo   ‖: **Am⁷** | **Am⁷** | **F** | **Am⁷** :‖ **F** **G** | **Em** **Am⁷** | **F**   ‖

Bridge

    C   **G**   **F**
   I had some dreams, they were clouds in my coffee,

Clouds in my coffee and…

Chorus 3

     C
   You're so vain,
      Dm⁷   **C**
You probably think this song is about you.
         Am
You're so vain (you're so vain)
  F   **G⁷add¹³**
I bet you think this song is about you,

Don't you, don't you?

Verse 3

      Am7
Well I hear you went up to Saratoga
  F   **Am7**
And your horse naturally won,

Then you flew your Lear jet up to Nova Scotia
          F   **Am7**
To see the total eclipse of the sun.
          F   **G**   **Em** **Am7**
Well, you're where you should be all the time,
  F   **C**
And when you're not you're with
            G   **F**
Some underworld spy or the wife of a close friend,

Wife of a close friend and ...

Chorus 4

  C
  You're so vain,
  Dm7   **C**
You probably think this song is about you.
        Am
You're so vain (you're so vain)
  F   **G7add13**
I bet you think this song is about you,

Don't you, don't you, don't you?

Coda

| **C** | **C** | **Dm7** | **C** | |

‖: **C**
  You're so vain,
  Dm7   **C**
You probably think this song is about you. :‖ *Repeat to fade*

09/03 (48614)